불량 판결문

불량 판결문

2021년 04월 12일 초판 01쇄 발행
2022년 11월 21일 초판 04쇄 발행

지은이 최정규

발행인 이규상 편집인 임현숙
편집팀장 김은영
책임편집 강정민 교정교열 이정현
디자인팀 최희민 권지혜 두형주 마케팅팀 이성수 김별 강소희 이채영 김희진
경영관리팀 강현덕 김하나 이순복

펴낸곳 (주)백도씨
출판등록 제2012-000170호(2007년 6월 22일)
주소 03044 서울시 종로구 효자로7길 23, 3층(통의동 7-33)
전화 02 3443 0311(편집) 02 3012 0117(마케팅) 팩스 02 3012 3010
이메일 book@100doci.com(편집·원고 투고) valva@100doci.com(유통·사업 제휴)
포스트 post.naver.com/black-fish 블로그 blog.naver.com/black-fish
인스타그램 @blackfish_book

ISBN 978-89-6833-304-0 03300
ⓒ 최정규, 2021, Printed in Korea

불량 판결문

이유 없고, 무례하고
비상식적인
판결을 향한 일침

최정규 지음

블랙피쉬
Black Fish

이 책을 읽으면서 최정규 변호사를 처음 만난 2014년 겨울이 생각났다. 나는 당시 신안군의 염전에서 100여 명의 지적장애인이 지역사회와 공무원, 경찰의 묵인 아래 수년간 노예처럼 착취와 학대를 당한 사건을 취재 중이었다. 외부인인 서울 구로경찰서 실종수사대가 피해 장애인 2명을 구출하며 진상이 폭로된 사건이다.

최정규 변호사는 안산 원곡법률사무소 동료인 서창효, 서치원 변호사와 함께 피해자들의 법률 지원을 맡고 있었는데, 목포의 쉼터 등에서 이루어진 피해자 상담에 내가 동행할 수 있도록 배려해주었다.

지역적 관행이라는 이유로 수십 년간 은폐되었던 조직적이고 제도적인 범죄가 드러났지만 그 중심에 있던 중앙정부, 지방정부, 경찰의 각 층에서는 책임질 일이 아니라는 메시지만 보내고 있었다. 법정에서는 오랫동안 묵인되어오던 위법행위라는 이유로 대부분의 염전 주인이 선처를 받았다. 그때까지 처벌받은 공무원과 경찰은 없었다.

내가 속한 외신 매체는 특성상 한국에서 일어나는 일의 원인과 맥락을 국제 독자들이 이해할 수 있는 간결한 논리로 전달해야 한다. 그런데 어떤 사회의 기준으로 봐도 충격적일 중대한 인권침해가 아시아 민주주의의 모범을 자처해온 한국에서 쉽게 용인되었을 뿐 아니라, 사법부를 통한 사실상의 사후 추인까지 일어난 상황을 쉽게 설명할 수 없었다.

목포에서 원곡법률사무소 팀이 피해자를 꼼꼼하게 인터뷰하고 세부적인 법률 지원을 고민하는 모습을 지켜보면서 우리 사회의 소수와 약자를 다수의 폭력에서 지켜내는 일이 얼마나 어려운지, 그러한 사람들에게 법정의 문턱은 얼마나 높은지 실감할 수 있었다. 변화란 결국 쉬운 해답을 추구하기보다는 의미 있는 질문의 수를 늘려가는 것이고, 이기든 지든 필요한 싸움을 찾고 도전하는 과정에서 조금씩 이루어진다는 사실을 확인할 수 있었다.

이 책에 상세하게 기술되었지만 최정규 변호사와 그의 동료들은 오늘도 받아들여져서는 안 될 것들이 수용되는 한국 사회와 법원을 상대로 끊임없이 싸움을 걸고 있다. 풍등 하나 날렸다가 저유소 폭발에 대한 전적인 책임을 떠안게 된 외국인 노동자, 그리고 정부가 알선한 곳에서 3년이 넘게 임금을 받지 못했음에도 아무런 구제도 받지 못한 또 다른 외국인 노동자를 위한 싸움, 신안군 염전 노예 사건의 가해자가 지적장애인 피해자의 처벌불원서를 조작했음에도 이를 확인하지 않은 판사의 책임을 묻는 국가배상 사건까지, 그들에겐 의미 있는 성과도 있었고 좌절도 있었다.

내가 6년 넘게 최정규 변호사와 소통하면서 가장 인상 깊게 생각하는 것은 그가 장애인, 노동자, 이주민 등의 인권과 권리를 보장하기 위해 한국의 법과 제도를 치밀하게 파고들면서도, 자신이 비합리적이라고 판단하는 판례에 굴복해 싸움을 피하는 모습을 보인 적이 없다는 것이다.

그는 이를 제도와 관행을 우선시하는 법원과 검찰에 맞서 법이 현실의 상식에 맞게 작동되도록 견인하는, '구체적 타당성'을 위한 투쟁이라고 표현한다. 이 책에는 그의 경험과 고뇌가 진솔하게 담겨 있다. 담담한 그의 글에서 나와 내 이웃의 이야기를 발견하고, 더 나은 사회를 만들기 위해 우리가 고민해야 할 것은 무엇인지 성찰해보는 기회가 되었으면 한다.

– AP통신(서울지국) 김동형 기자

불공정한 판결에 자글자글 들끓으면서도 막상 사법부에 메스 들기는 버거워하는 나라. 저자는 법이 법원을 위한 것이 아니라 가장 연약하고 아픈 자리에 있는 당신을 위한 것이라고 알려준다. 이를테면 '내 법 돌려내!' 투쟁이랄까? 아마 판사들에겐 '전설의 고향'처럼 오싹하게 느껴질지도.

– CBS 노컷뉴스 정다운 기자

살면서 겪는 여러 부조리와는 비교할 수 없을 정도로 억울한 일을 견디며 살아내는 사회적 약자가 세상에는 너무도 많다. 다행스러운 것은 그 힘겨운 싸움에 기꺼이 나서는 정의로운 법조인이 있다는 것이다. 이 책은 그 힘겨운 싸움에 대한 기록이다. 다만, 분노하되 좌절하지 않고 노력으로 바꿔가는 희망이 담겨 있다. 마주한 한계에 절망하지 않고, 주어진 상황과 능력 내에서 항상 조금 더 하려는 변호사의 미래에 기대를 거는 이유가 이 책에 담겨 있다.

- KBS1 라디오 〈오태훈의 시사본부〉 진행자

틀에 박힌 판례에 얽매이지 않고, 판사에게 불편한 질문도 서슴없이 던지는 최정규 변호사. 이런 용감한 변호사를 만나기는 쉽지 않은 일이다. 그리고 그 고민에 귀 기울이게 되는 건 그가 상식에 비추어 생각하고 시민과 약자의 편에서 말하기 때문이다.

- MBC 윤상문 기자

법원이란 견고한 바위를 상대로 '김치김밥'을 던지는(〈시작하며〉 참고) 최 변호사는 번번이 깨지는 쪽이다. 더디게 가끔 전진할 뿐이고, 대체로 좌절한다. 싸움이 끝나도 바위는 깨지지 않겠지만, 최 변호사가 지치지 않고 던진 김밥 냄새로 가득하게 될 것이다. 그 냄새가 변화의 단초가 되리라 믿는다. 우리나라 법원의 민낯이 궁금한 사람이라면 누구에게나 일독을 권한다.

- SBS 김민정 기자

최정규 변호사는 내가 아는 가장 바쁜 변호사다. 전화를 하면 그는 언제나 이동 중이다. 장애인에게, 비정규직 직원에게, 이주 노동자에게, 수형인에게, 난민에게 간다. 한국 사회에서 한 번도 법이 자신을 지켜준다고 느껴본 적 없는 사람들에게 간다. 이 책은 사람의 존엄이 높은 법대에서 추락하지 않게 싸운 기록이다. 이런 싸움이 천천히, 그리고 묵묵히 법을 바꿔왔다. 많은 사람이 이 책을 읽고 자신의 존엄을 찾았으면 좋겠다. 자신의 존엄을 아는 사람들이 많아지면 더 나은 세상이 온다고 믿는다.

- 경향신문 허진무 기자

"이거 이상하지 않아요?"

최정규 변호사는 오늘도 묻는다. 사회적 약자를 외면하는 법과 제도에 그는 의문을 던진다. 당연하다 여겨지는 것을 당연하지 않다며 싸움을 건다. 그는 상식에 어긋난 법에 맞서고 검찰과 법원에 이의를 제기하며 누군가의 억울한 마음을 보듬는다. 이 책은 끈질기고 세심한, 한 변호사의 분투기다.

- 〈한겨레21〉 고한솔 기자

언젠가부터 대한민국 사회에서 배운다는 것은 합리적으로(?) 비겁하게 사는 것이 되어버렸다. 우리는 비겁으로 무장한 채 부당한 현실을 '의도적 눈감기'로 대하고 있다. 최정규는 변호사로서 눈을 부릅뜨고 일상에서 우리의 비겁함을 마주한다. 비겁한 우리를 외면하지 말고 함께 투쟁을 외치자는 이 책은 그의 삶 자체다. 사법 권력에 예의를 갖추는 것이 아니라, 사법 권력이 우리에게 예의를 갖출 수 있도록 함께하고자 하는 사람에게 일독을 권한다.

- 경기학대피해장애인쉼터(보듬) 이건희 원장

법은 만인에게 평등할까? 대한민국 국민 중 이 말을 믿는 사람은 과연 몇 명이나 될까? 사법기관과 검찰은 왜 불신의 아이콘이 되었을까? 최정규 변호사가 쓴 이 책은 그 해답을 명쾌하게 제시한다. 그리고 우리가 기울여야 할 노력이 무엇인지 말해준다.

- 국가 폭력 피해자 기념 박물관 '수상한 집' 변상철 대표

나는 그리 친하지도 않은 최정규 변호사에게 비용조차 지급하지 않고 이주 노동자 문제의 해결을 부탁한 적이 있다. 그는 두말없이 승낙했고, 빗길에 미끄러운 고속도로를 달려 나보다도 앞장서 현장에 쫓아갔다.

이후, 그가 이주 노동자뿐 아니라 '목소리가 없거나 약한 사람들'의 (따라서 그 활동에 따른 금전적 대가를 보장받기 힘든) 곤경에 기꺼이 뛰어들어 그들의 목소리를 대변하려고 분투하고 있다는 것과 그 실천 과정에서 행정·사법기관의 불합리와 불공정에도 끊임없이 맞서고 있다는 것을 알게 되었다. '그에게 돈키호테의 피가 흐르나?'라고 생각하기도 했다.

이 책은 최정규 변호사가 직접 발로 배낭여행 하듯이 걸으면서 부딪히는 법원의 부조리들을 발견해낸 흔적이다. 이런 시도와 탐구가 정의롭지 않은 권력 구조에 틈을 낸다고 믿는다. '오늘, 여기'에서의 '매 순간의 작은 정의'를 구현하기 위해 삶의 에너지를 쏟고 싶은 이가 있다면, 이 책을 참조하시라고 기꺼이 권하고 싶다.

- 지구인의 정류장 대표, 이주 노동자 상담 활동가 김이찬

사법시험에 합격하고 예비 법조인으로 2년 동안 거쳐야 했던 사법연수원. 벌써 20년이 지났지만 두 장면이 아직도 잊히지 않는다. 그중 한 장면은 당시 서초동 사법연수원 도서관 옆에 마련된 '분향소'다.

2001년 사법연수원 1년 차 시절, 2년 차 연수생이 점심시간도 없이 하루 8시간 판결문을 쓰는 기록형 시험을 마친 후 화장실에서 쓰러졌다. 그는 병원으로 후송되었지만 세상을 떠났다. 그래서 사법연수원 한편에 분향소가 마련되었던 것이다.

"공부하다가 죽은 사람 이야기 들어본 적 있나? 열심히 공부해라!"라는 명령을 받고 공부에 매진하던 우리는 점심시간도 없이 8시간 동안 진행되는 시험이 과연 꼭 필요한지 질문을 던졌다. 그것이 어처구니없이 세상을 떠난 선배의 넋을 기리는 일이라 생각했다.

교수와 연수생 간담회가 개최되었는데 부장판사와 부장검사로 구성된 사법연수원 교수들은 '법원 공무원인 사법연수생은 국민에 봉사하는 자세로 8시간 기록형 시험을 반드시 치러야 한다'는 입장을 고수했다. 연수생 800명 중 그 누구도 반기를 들지 못하고 굴복했다. 결국 점심시간을 쟁취하지 못한 우리는 시험 도중 이런 방송 멘트를 듣는 굴욕을 겪어야 했다.

"지금은 점심시간입니다. 연수생들은 시험을 잠깐 중단하고 점심을 챙겨 드시기 바랍니다. 다시 한번 알려드립니다. 지금은 점심시간입니다."

1등부터 800등까지 판검사 임용을 좌우하는 줄을 세우고, 임용 후에도 향후 10년 넘게 근무할 임지를 결정할 시험을 치르는 절체절명의 순간에 방송대로 시험을 중단하고 한가롭게 점심을 먹는다는 건 쉽지 않은 일이다.

나는 이런 분위기를 깨고 싶었다. 모두 합심해 1시간 동안 시험을 중단하고 점심을 먹자고 대자보라도 붙이고 싶었다. 그러나 내 용기와 배포는 내 마음을 담지 못했다. 할 수 있는 일이라고는 나라도 점심을 챙겨 먹는 것뿐이었다.

연수원 앞에서 자취를 하던 나는 시험 날 아침 김치김밥을 구입했다. 그리고 점심시간 안내 방송이 나오면 그걸 책상에 펼쳐 아주 천천히 꼭꼭 씹어 먹었다.

점심시간도 없이 시험을 치르다 사람이 죽었지만 아무 일도 없었다는 듯 현실은 변한 것이 없었다. 나는 연수생 800명이 함께 저항하자는 대자보를 붙이진 못하더라도, 점심시간은 마땅히 누려야 할 권리라는 걸 주위 연수생에게라도 알리고 싶었다. 도시락 폭탄 대신 김치김밥이라도 던지겠다는 소극적 저항으로.

어설프고도 서툰 저항 때문에 내 옆에 앉아 시험에 집중하던 연수생들은 김치 냄새를 맡아가며 '점심시간이지만 점심을 제대로 먹지 못하는 상황'을 견뎌야 했다. 분명 나를 보는 그들의 시선이 곱지는 않았을 것이다. 그래도 8시간 기록형 시험을 치를 때면 나는 반드시 이 저항을 관철했다. 아마 스스로 독립투사가 된 듯한 착각에 빠졌던 모양이다.

김치김밥을 먹고 사법연수원을 수료한 후 3년의 공익 법무관, 6년의 대한법률구조공단 소속 변호사를 거쳐 개업 변호사로 활동한 것도 10년이 다 되어간다. 지금껏 법조인으로 살아가며 상식에 맞지 않은 법, 비합리적인 검찰의 결정과 법원의 판결을 대할 때마다 '그냥 눈감지 말아야겠다', '도시락 폭탄은 던지지 못하더라도 김치김밥은 꺼내야겠다'는 생각으로 꼼지락거렸다. 그리고 내 나름대로 애쓰며 꼼지락거린 결과가 바로 이 책이다.

이 책에 담긴 이야기는 대한민국을 살아가는 국민이면 누구나 경험했거나 경험할 만한 내용이다. 그리고 무엇보다 법조인이라면 누구나 문제의식을 느낄 법한 주제다. 그러나 이 주제가 구태의연한 것이 아니라 신선하게 들린다면 그건 내 글쓰기 능력 때문이 아니라 법조인들의 '의도적 눈감기' 때문일 것이다.

나는 사법연수생 시절 시험장에서 김치김밥을 꺼내는 심정으로 이 글을 내놓는다. 이 글이 좋은 향기를 풍기는 글이 아니라는 걸 잘 안다. 그러나 내가 법조인으로 활동하며 글을 쓰고 또 쓰는 이유는 김치 냄새라도 풍겨 이 '의도적 눈감기'의 카르텔을 깨고 싶기 때문이다.

이 책이 세상에 나올 수 있었던 건 옆에서 나의 이런 꼼지락거림에 맞장구를 쳐준 아내 덕분이다. 고맙고 또 고맙다. 어설픈 선장이 이끄는 배에 함께 올라 뱃멀미를 극복하고 있는 7명의 원곡법률사무소, 경기장애우권익문제연구소 식구들(서치원, 서창효, 이건희, 이윤진, 유승희, 조영신, 최갑인 - 배에 함께 올라탄 사람 순서)에게도 이 기회를 빌려 고마움을 전한다.

최정규

‘악법도 법이다’, ‘법은 국회에서 만들어진다’라는 명제에 반기를 든다.

상식에 맞지 않는 법, 악법은 더 이상 법이 아니다.

법은 국회에서 ‘만’ 만드는 것이 아니다.

좋은 법도 나쁜 법도 국회가 아닌 ‘법원’의 해석을 통해 재생산된다.

지금부터 법 해석의 주체인 판사와 법정이

꼭꼭 숨겨두고만 싶어 하던 불편한 진실을 마주하려 한다.

1장

악법은
어디에서
시작되었을까?

법은 상식에 부합하도록 작동해야 하므로, 법적 안정성이라는 가
치의 훼손에도 불구하고 뜯어고쳐야 한다.

악법도
법이다?

'악법도 법이다'는 소크라테스가 한 말이 아니다

'악법도 법이다'라는 이 말은 우리나라에서 상식처럼 여겨진다. 잘못
된 법을 지키지 않고 저항하는 사람들에게 던지곤 하는 이 말은 잘못
된 법을 지키는 것이 미덕인 양 보이는 '착시 현상'을 불러온다. 그렇
다면 이 말은 어디서 나온 것일까?

'악법도 법이다'라는 말은 소크라테스가 한 말이라고 알려져 있
다. 2020년 코로나로 나들 힘들어하던 시기에 국민 가수 나훈아의
'테스형!'이라는 노래로 소크라테스가 소환되었다. 소크라테스는 대
한민국 사람이 아니지만 국민 철학자라는 칭송을 받을 만큼 우리나
라에서 타의 추종을 불허하는 권위를 부여받은 철학자다. 소크라테

스가 한 말이라고 하면 그것은 시대의 변화에도 절대로 흔들리지 않는 진리처럼 받아들인다. 그래서일까, 국민 철학자 소크라테스의 권위를 부여받은 '악법도 법이다'라는 말 또한 금과옥조처럼 여겨진다.

그런데 놀랍게도 이 말은 소크라테스가 한 말이 아니다. 소크라테스 책 어디에도 '악법도 법이다'라는 문장은 없다. 그렇다면 이 말이 소크라테스의 말로 널리 알려진 이유는 무엇일까?

일제강점기 경성제국대학 법학부 교수 오다카 도모오가 1937년 펴낸 《법철학》에는 다음과 같은 글이 적혀 있다. [01]

'소크라테스가 독배를 든 것은 실정법을 존중했기 때문이며, 악법도 법이므로 이를 지켜야 한다.'

오다카 도모오는 일본 군국주의 시절 일본 내에서 국가주의를 지탱하는 논리를 제공한 대표적인 법철학자로 알려져 있다. 국가를 보호하기 위해 다른 나라를 군사력으로 침략하는 등 수단과 방법을 가리지 않는 군국주의 시대, 법 따위는 발 디딜 틈이 없을 것 같던 그 상황에서 '악법도 법이므로 이를 지켜야 한다'라는 말을 법철학자가 내뱉었다는 것은 아이러니한 일이기는 하나 충격적인 일은 아니다.

정작 우리가 충격을 받아야 하는 사실은, 일본 법철학자의 책에 등장한 이 말이 우리 사회에서 아주 오랫동안 소크라테스의 말로 둔갑해 진리처럼 통용되었다는 사실, 그리고 이것이 상식에 반한 법에 저항하는 사람을 핍박하는 논거로 줄곧 사용되었다는 사실이다. 국민을 모든 폭력에서 철저히 보호해야 할 국가가 오히려 국민의 저항을 폭력으로 막았던, 우리의 아픈 과거사 한편에 '악법도 법이다'라는 문장이 근사하게 전시되어 있었던 것이다. 일본 군국주의 철학자 오다카 도모오가 아니라, 국민 철학자 소크라테스라는 그럴싸한 액자에 끼워진 채 말이다.

법적 안정성 vs 구체적 타당성

그런데 사실 '악법도 법이다'라는 말은 법학에서는 특별한 주장이 아니다. 고대 로마에서 속담처럼 쓰였다는 '법은 엄하지만 그래도 법'이라는 격언처럼 이 말은 어느 사회에나 있었다. 법학자들은 "법이 만들어진 이상 그 법에 일정 부분 잘못이 있다고 하더라도 법이 바뀌기 전까지 사회 구성원은 그 법을 존중하고 지켜야 한다"고 주장하며, 이를 '법적 안정성'이라는 가치로 표현한다.

그런데 법적 안정성이라는 단어를 보면 이런 의문이 든다.

'잘못된 법 때문에 누리는 어설픈 안정에 안주하기보다는 일시적 불안정을 무릅쓰고라도 잘못된 법을 바꾸는 데 힘을 쏟아야 하는 것이 아닌가?'

법은 실제로 일어난 구체적 사건에서 상식에 부합하도록 작동해야 하므로 법적 안정성이라는 가치의 훼손에도 불구하고 뜯어고쳐야 한다. 법학자들은 이를 '구체적 타당성'이라고 표현한다.

　　법적 안정성과 구체적 타당성은 법이 만들어지고 변경되며 소멸되는 과정뿐 아니라 법의 해석에도 지대한 영향을 미친다. 신문 사회면에 등장하는 복잡한 사건을 뜯어보면 결국 이 두 가지 가치가 충돌하는 상황으로 읽힌다.

고 김홍영 검사 사건에서 충돌한 두 가치

2016년 5월 19일, 서울남부지방검찰청에 부임해 2년째 근무한 초임 김홍영 검사가 극단적 선택으로 생을 마감한 일이 많은 이의 마음을 아프게 했다. 과로 등 사건 처리에 대한 스트레스가 극단적 선택의 원인이라고 여겨진 이 사건은 고 김홍영 검사가 친구들과 카톡방에서 나눈 대화가 공개되며 당시 그의 상사이던 부장검사의 폭행, 폭언 등 가혹 행위가 극단적 선택의 원인일 수 있다는 의혹으로 번졌다. 이후 사망 원인을 밝혀달라는 유족과 사법연수원 동기들의 요청으로 시작된 대검찰청 감찰 과정에서 부장검사의 폭행, 폭언이 확인되었다.

　　결국 부장검사는 같은 해 8월 해임되었지만 폭행, 폭언에 대한 형사처벌은 없었다. 해임 사유에는 해당되지만 형사처벌 사안으로 볼 수 없다는 대검찰청의 판단 때문이다. 그렇게 우리 기억에서 잊혔던 이 안타까운 사건은 4년이 지난 2020년 다시 사회적 이목을 끌었다. 해임 후 3년이 지나면 변호사 등록이 가능한 현행 변호사법에 따라 부장검사는 변호사 등록을 신청했고, 대한변호사협회는 부장검사를 형사 고발한 것이다. 변호사법상 형사처벌이 이루어지지 않고 해임 처분만 받은 부장검사가 제출한 변호사 등록 신청을 거절할 명분이 없다. 그러나 형사처벌이 이루어지면 변호사 등록 제한이 추가로 이루어질 수 있기에 대한변호사협회가 고민 끝에 내린 결정이라고 해석된다.

그런데 형사 고발 이후 10개월 넘게 가해 부장검사에 대한 소환 조사도 이루어지지 않는 등 수사 과정이 지지부진해 국민들의 눈살을 찌푸리게 했다. 결국 형사 고발 과정에 특별한 의견을 내지 않던 고 김홍영 검사 유족이 신속하고도 철저한 수사를 촉구하기 위해 다시 목소리를 냈다. 이 상황을 지켜보기만 할 수 없다는 생각 때문이었다.

2018년 검찰 개혁의 일환으로 대검찰청에서 스스로 검찰수사심의위원회를 만들었다. 위원회는 사회적 이목이 집중된 사건에 대해 공소 제기 여부 등을 검찰이 독자적으로 판단하지 않고 여러 분야에서 위촉한 전문가들의 의견을 반영해 결정한다는 취지로 구성한 것이다. 고 김홍영 검사 유족은 이 검찰수사심의위원회 소집을 신청했고, 마침내 2020년 10월 16일 11번째 검찰수사심의위원회가 열렸다.

국가배상 소송 등 유족을 대리해왔던 나는 유족 대리인으로 검찰수사심의위원회에 참여했다. 비공개로 진행된 회의이기에 자세한 내용을 공개할 수는 없으나, 모두가 예상한 바와 같이 두 주장이 팽팽히 맞섰다.

> 검찰이 2016년 대검찰청 차원의 감찰을 통해 형사처벌 사안이
> 아니라고 한 결정은 특별한 사정이 없는 한 존중되어야 한다.
> VS
> 폭행, 폭언이 해임 사유에 해당된다고 하면서도 형사처벌 사유에
> 해당되지 않는다는 것은 상식에 반한다.

두 주장은 법적 안정성과 구체적 타당성이라는 두 가치로 수렴된다. 이 사안에서 시민 전문가들로 구성된 검찰수사심의위원회는 기존 대검찰청의 결정을 뒤집고 가해 부장검사의 폭행에 대해 형법상 폭행죄로 공소 제기할 것과 폭언에 대해서는 형법상 폭행죄 또는 명예훼손죄 성립을 추가로 검토하라고 의결했다. 기존 대검찰청의 결정을 존중하는 법적 안정성보다는 구체적 타당성을 중시해 내린 의결로 평가된다.

검찰수사심의위원회 의결은 권고적 효력만 있기에 이를 받아들일지 여부는 수사 팀이 결정해야 할 사안이다. 그렇지만 서울중앙지방검찰청 수사 팀은 검찰수사심의위원회의 의결대로 이전 대검찰청 차원의 감찰 결과를 존중하는 법적 안정성 대신 구체적 타당성을 선택해 가해 부장검사를 재판에 넘겼다.

폭행죄라는 범죄의 가해자라면 일반 국민이든 부장검사든 동일하게 처벌해야 한다는 상식이 실현되기까지 유족이 앞장서고 국민이 힘을 보태는 등 많은 노력을 기울여야 한다는 걸 확인할 수 있었다. 고 김홍영 검사 사건을 통해 우리는 구체적 타당성의 가치는 저절로 주어지는 것이 아니라 부단한 노력으로 쟁취하는 것이라는 교훈을 얻었다.

우리가 중시해야 할 가치

상식에 맞지 않는 법과 싸우는 과정은 구체적 타당성 측면에서는 바람직하다. 하지만 종종 '법적 안정성을 해친다는 우려에 대한 입장'을 묻는 질문을 받을 때가 있다. 내 주장이 철옹성처럼 공고한 법적 안정성에 균열을 일으킬 만큼 파격적인 것이 아님에도 이런 질문을 받는 것은 상당히 민망한 일이다. 이런 질문에 어물쩍 넘어갈 수도 있겠지만 다음과 같이 답한 기억이 있다.

"법적 안정성은 일개 변호사나 활동가가 고려할 부분은 아니라고 생각한다. 법적 안정성을 걱정할 만큼 이주 노동자나 장애인의 상황이 느긋하지 않다. 사실 굉장히 다급하다. 당장 오늘도 하루에 10시간 이상 일하고 있는데, 정당한 임금이나 숙소조차 제공받지 못하는 사람이 많다.

그런데도 이분들의 피해를 묵인하는 제도와 관행, '지금까지 제도를 안정적으로 운영해왔으니 앞으로도 동일하게 유지해나가자'라는 식의 논리는 우리가 제기하는 문제랑은 조금 결을 달리하는 것 같다. 법적 안정성보다 우리에게 중요한 건 이분들의 피해를 빨리 회복하는 것이다."[02]

앞에서 이야기했듯 이미 존재하는 법, 법원과 검찰이 내린 결정은 법적 안정성이라는 가치에 우선한다. 상식에 맞지 않는 법의 안정성은 국민이 고려하지 않아도 될 만큼 철옹성처럼 견고하다. 그렇기에 국민이 중시해야 할 가치는 '구체적 타당성'이다.

지금까지 이런 이야기를 하면 국민 철학자 소크라테스의 가르침을 저버린 비윤리적인 국민으로 손가락질당할까 봐 걱정하던 사람이라면, 이제 그런 걱정 따위는 훌훌 벗어 던지고 실컷 목소리를 높여 외쳤으면 좋겠다.

"상식에 맞지 않는 법, 악법은 더 이상 법이 아니다!"

02

법의 영역에 수학 공식처럼 딱 떨어지는 정답이란 존재하지 않는다. 국민들은 오늘도 도처에 널린 문제의 합리적 해석을 구하기 위해 법원 문을 두드린다.

악법은 국회에서 '만' 만들어지는가?

판결문은 왜 누군가에게는 억울함의 대상인가?

나는 검사나 검찰청 소속 직원이었던 적이 단 한 차례도 없지만 검찰청 민원실에서 일한 독특한 경험을 가지고 있다. 2004년 4월부터 2005년 3월까지 민원 담당 공익 법무관으로 서울중앙지방검찰청 민원실에서, 2006년 4월부터 2007년 3월까지 대한법률구조공단 소속 변호사로 수원지방검찰청 안산지청 민원실에서 근무한 경험은 아직도 오롯이 남아 있다.

서울중앙지방검찰청 민원실은 대한민국에서 억울하다는 사람들은 꼭 한번 거쳐 가는 곳으로 알려져 있다. 전국 방방곡곡에서 각자 사연을 가지고 민원실을 찾는다. 가방 가득 서류 더미를 넣어 가지고 오는데, 가방 무게만큼 그들 인생의 무게가 묵직할 것이다. 1년 동안 민원 담당 공익 법무관으로서 법률 상담을 하러 찾아온 분들과 반지하 같은 어두침침한 민원실 한쪽 구석 방에서 이야기를 나누며, 나는 두 가지 놀라운 사실을 깨달았다.

'세상에 억울한 사람이 참 많구나.'
'재판을 받아도 그 억울함이 해결되지 않는구나.'

검찰청 민원실을 찾은 사람 중 관련 판결문이 없는 사람은 거의 없었다. 대부분 1심부터 3심까지, 더 나아가 재심 등 모든 과정을 거쳤음에도 억울함을 떨쳐버리지 못한 분들의 행렬이 매일 이어졌다.

나는 그 1년 동안 무력감을 느꼈다. 일개 공익 법무관으로 해줄 수 있는 건 그분들의 억울한 사연을 들어주는 일뿐이었기 때문이다. 그러나 놀라운 일도 있었다. 이야기를 들어준 것뿐인데, 가지고 온 서류 더미를 여기 버리고 가겠다는 분들이 계셨다. 이제 인생의 페이지를 넘길 수 있겠다며 돌아가시는 분들을 보며 보람까지는 아니지만 무력감을 떨쳐버릴 수 있었다. 그리고 머릿속에는 이런 질문이 남았다.

'왜 지금껏 숱한 재판 과정에서 나온 판결문을 통해서는 그 인생의 페이지를 넘길 수 없었던 것일까?'

그 당시 나는 제대로 된 답을 찾을 수 없었다. 공익 법무관 근무를 마친 후, 대한법률구조공단 소속 변호사를 거쳐 개업 변호사로 법과 씨름하며 15년 정도의 세월을 보낸 지금에야 그 답을 어렴풋이 알 것 같다.

수학에서는 '1+1=2'라는 약속이 정해져 있기에 이 사실이 우릴 깜짝 놀라게 하거나 실망시킬 일이 없다. 한마디로 억울할 일이 존재하지 않는다. 그러나 법의 영역에선 수학 공식 같은 정답이란 존재하지 않는다. 웃고 울기를 반복하다 억울해 못 살겠다고 호소하는 일까지 발생하는 것이 바로 법의 영역이다.

'법 해석'이라는 공정을 통해 법원에서 생산되는 판결문

우리를 울고 웃게 만들고 억울해 못 사는 지경까지 몰아붙이는 법은 어떻게 탄생할까? 법의 탄생을 생각하면 가장 먼저 떠오르는 건 국회다.

우리는 국회를 구성하는 국회의원을 출세한 사람으로 특별 취급한다. 일단 그들이 다는 배지부터 '금배지'라고 부른다. 그리고 4년에 한 번씩 국회의원을 뽑는 선거를 총선(總選)이라고 부른다. 국가 단위에서 유권자 모두가 투표권을 갖는 선거라서 '총선'이라는 단어가 나왔다는데, '총(總)'이라는 단어가 예사롭지 않다. 모든 병력과 장비를 동원해 전면에 걸쳐 공격하는 '총(總)공격'이 떠오를 만큼 정당

들은 4년에 한 번씩 이루어지는 이 선거에 자원을 총동원해 의석수 300개 중 다수를 차지하기 위해 애쓴다.

다수의 의석을 차지하려는 이유는 국회가 법을 탄생시키는 입법권을 손에 쥐고 있기 때문이다. 법은 국회의원 10인 이상 또는 정부 부처의 발의와 국회 재적 의원 과반수의 출석, 과반수의 의결이라는 의결정족수를 충족해야 비로소 탄생할 수 있다. 국민들이 필요하다고 요청해 법안이 마련된다고 해도 국회 논의 과정에서 쓰레기통에 처박히는 걸 자주 목도한다. 국회에 계류된 법안 가운데 실제 법으로 탄생하는 비율이 18대 국회 17%, 19·20대 국회 11%로 계속 낮아지는 것을 보면 법이 얼마나 어려운 과정을 통해 탄생하는지 알 수 있다.

법이 현실 세계에 적용되는 과정 또한 그리 단순하지 않다. 해석의 문제를 낳기 때문이다. 아무리 법이 구체적으로 규정되어 있다고 하더라도 해석을 피할 수는 없다. 한 가지 예를 살펴보자.

최근 국회는 새로운 주택임대차보호법을 탄생시켰다. 새롭게 제정된 주택임대차보호법에는 기존 법과 달리 임대차 보장 기간을 2년에서 4년으로 연장하는 '계약갱신청구권'이 담겼고, 계약 갱신 시 차임이나 보증금을 5% 이상 증액하지 못하도록 못박았다. 2년마다 집주인의 눈치를 보며 전세 기간 연장 여부를 물어야 하고, 2년 연봉을 고스란히 모아도 상승한 전세 보증금을 마련할 수 없어 추가 대출을 알아봐야 했던 임차인들에게는 매우 기쁜 소식일 것이다.

그런데 최근 어떤 임대인이 편지 한 장을 가지고 와서 상담을 청했다. 주택임대차보호법 시행 후 임차인이 계약갱신청구권을 행사하겠다는 연락이 와서 법대로 해주려고 했는데, 갑자기 아랫집 사람에게 편지를 받았다는 것이다. 층간 소음이 너무 심해 도저히 살 수 없다고, 계약갱신청구권 행사를 막아달라고, 그렇지 않으면 임차인뿐 아니라 집주인에게도 손해배상책임을 묻겠다는 경고성 편지였다.

집주인은 층간 소음 문제는 실제 거주하는 사람들 사이의 문제니 자신과는 상관없다고 생각하면서도, 손해배상책임을 묻겠다는 내용이 마음에 걸려 편지를 들고 찾아왔다. 나는 집주인과 상담하면서 새로운 주택임대차보호법을 처음 살펴보았다.

주택임대차보호법 제6조의 3(계약 갱신 요구 등)

① 제6조에도 불구하고 임대인은 임차인이 제6조 제1항 전단의 기간 이내에 계약 갱신을 요구할 경우 정당한 사유 없이 거절하지 못한다. 다만, 다음 각 호의 어느 하나에 해당하는 경우에는 그러하지 아니하다.

1. 임차인이 2기의 차임액에 해당하는 금액에 이르도록 차임을 연체한 사실이 있는 경우

2. 임차인이 임차한 주택의 전부 또는 일부를 고의나 중대한 과실로 파손한 경우

⋮

8. 임대인(임대인의 직계존속, 직계비속을 포함한다)이 목적 주택에 실제 거주하려

는 경우

9. 그 밖에 임차인이 임차인으로서의 의무를 현저히 위반하거나 임대차를 계속
하기 어려운 중대한 사유가 있는 경우

임대인이 상담을 요청한 이 사안이 제9호에서 말한 '임대차를
계속하기 어려운 중대한 사유가 있는 경우'에 해당될까?

2020년 8월 국토교통부와 법무부가 발간한 〈2020. 7. 31 개정
주택임대차보호법 해설집〉은 위 사유(제9호)에 대해 이런 설명을 달
았다.

9호	그 밖에 임차인이 임차인으로서의 의무를 현저히 위반하거나 임대차를 계속하기 어려운 중대한 사유가 있는 경우	임대인 동의 없이 인테리어 공사를 하거나 원상회복이 불가능한 정도로 인테리어 공사를 한 경우 *1호부터 8호까지 이외에 임차인의 임대차를 지속할 수 없는 경우

함께 일하는 동료 변호사 5명에게 물어보니, 의견이 3:2로 갈렸
다. 층간 소음이 상당히 주관적일 수 있기에 편지에 담긴 내용만으로
는 '임대차를 계속하기 어려운 중대한 사유'에 해당될 수 없다는 것
이 다수 의견이었다. 그렇게 다수 의견대로 상담을 해드렸고, 혹시
이후 아랫집 세입자가 소송을 제기할 경우 다시 찾아와 상담을 요청
하라고 말했다.

우리 사무실 다수 의견처럼 임대차 계약을 갱신할 것인지, 아니면 소수 의견처럼 층간 소음을 문제 삼는 아랫집 사람에게 받은 편지를 근거로 갱신을 거절할지는 임대인의 선택이겠지만, 어떤 선택을 하든 법적 분쟁을 부를 수 있다. 그렇게 막 탄생한 따끈따끈한 주택임대차보호법은 뜨거운 감자처럼 여러 법적 분쟁을 불러일으킬 여지가 있다.

그럴 경우 분쟁을 해결하기 위해 찾는 곳이 바로 법원이다. 우리는 법 해석 권한을 사법부, 법원에 부여했다. 법원은 층간 소음 문제가 주택임대차보호법 제6조의 3(계약 갱신 요구 등) 제9호 '임대차를 계속하기 어려운 중대한 사유가 있는 경우'에 해당되는지 여부를 해석하게 된다. 그런데 여기서 우리가 다시 떠올려야 하는 건 바로 이 한마디다.

"법의 영역에선 수학 공식 같은 정답이란 존재하지 않는다."

현재 법원은 약 3,000명의 판사로 구성되어 있다. 그중 일부는 평소 층간 소음으로 고통받을 것이고, 일부는 그렇지 않을 것이다. 층간 소음 때문에 고통받은 판사와 그렇지 않은 판사가 이 법을 해석할 때 차이가 없다고 할 수 있을까? 아무리 객관적인 자세로 임한다고 하더라도 판사도 사람인지라 자신의 경험치를 뛰어넘을 수는 없을 것이다.

그래서 이를 보완하기 위해 우리나라에서는 딱 한 번의 재판이 아닌 세 번의 재판을 받을 수 있는 3심제를 택하고 있다. 그런데 이 3심제가 오히려 국민들을 더 힘들게 할 때가 있다. 나는 변호사로서 2심에서 패소한 후 대법원까지 갈지 고민하는 사람들을 종종 만난다. 보통 1심과 2심 모두 패소했을 경우 깔끔하게 사건을 포기하는 사람이 많은데, 1심에서 승소 판결을 받고 2심에선 패소 판결을 받은 사람은 어떤 선택을 해야 할지 고민에 고민을 거듭하는 경우가 많다. 대법원까지 간다고 해도 당사자에게는 1심 승소 판결이 계속 머릿속에 남을 것이다.

수학 공식처럼 딱 떨어지는 정답이란 존재하지 않는 법의 영역에서 이런 문제는 도처에 널려 있다. 그 문제에 대한 합리적 해석을 구하기 위해 오늘도 국민들은 법원의 문을 두드린다. 전국 법원에서 수많은 판결문이 쏟아지고, 그 판결문에 담긴 내용은 국회에서 단 한 번 이루어지는 법의 탄생보다 더 자주 우리를 울고 웃게 한다. 때로는 억울해 미치게 한다. 그렇기에 법은 국회에서 '만' 만들어진다고 볼 수 없다. 좋은 법도 악법도 국회가 아닌 법원에서 재생산되는 것이다. 법 해석이라는 '공정'을 통해서 말이다.

판례를 확인하는 차원에서 생각을 멈추고 재고하지 않는 건 '기득권의 논리에 세뇌당한 것' 그 이상도 이하도 아니다.

상식에 맞지 않는 법과
싸우는 변호사

판례는 기득권의 논리일지 모른다

2016년 12월 지방의 한 편의점에서 아르바이트를 하던 청년이 비닐봉투를 무상으로 제공해주지 않는다며 항의하는 고객에게 살해당하는 안타까운 일이 발생했다. 유족과 시민 단체는 대책위를 꾸려 편의점 가맹 본사에 법적책임을 질 것과 안전 대책을 마련할 것을 촉구했다.

이전에 나는 안산의 영화관 아르바이트 노조와 함께(알바생은 실제 근무한 시간보다 더 적은 시간을 기재하는 방식으로 임금을 책정받는, 이른바 '시간 꺾기' 피해를 입었다) 영화관 가맹 본사에 문제를 제기한 경험이 있었기에 이 편의점 노동자 사안을 접하고 대책위에 합류해 힘을 실었다.

편의점 가맹 본사는 이 사태에 유감을 표했지만, 피해 노동자를 고용한 건 가맹 본사가 아니라 편의점 사장(가맹점 사업자)이기에 본사가 책임을 질 수 없다는 입장을 밝혔다. 가맹 본사를 상대로 법적 책임을 묻는 소송을 제기할지 여부를 놓고 대책위 차원에서 몇 차례 논의가 이루어졌고, 다음 해 9월이 되어서야 소장을 제출했다.

논의 과정에서 유족이 대책회의에 참여했는데, 그날 본 유족의 표정 변화를 잊을 수 없다.

소송 제기에 신중하자는 그룹

"가맹 본사가 법적책임을 질 수 없다며 주장하는 '알바생을 고용한 건 가맹점주이기에 가맹 본사가 법적책임을 질 수 없다'는 논리를 뛰어넘을 수 없다. 이에 따라 승소 가능성이 희박한 소송 제기는 신중하자."

(기존 법원의 판례를 중시하는 그룹)

vs

소송을 제기해보자는 그룹

"가맹점주가 사업주로 알바생과 고용계약서를 작성한 건 맞지만, 사실상 가맹 본사가 점포와 노무 관리 등을 도맡아 하고 가맹점주 또한 가맹 본사에 경제적으로 종속된 처지다. 그러니 고용계약서상 고용주가 가맹점주로 되어 있지만 실질적으로 가맹 본사와의 고용 관계를 인정해야 한다. 이러한 주장을 소송을 통해 제기해보자."

(일본 사례와 미국 판례 등을 통해 새로운 판례를 만들어보자는 그룹)

논쟁이 치열해질수록 이 회의에 참여한 유족분의 얼굴은 점점 어두워졌다. 회의를 마치고 나오면서 여러 생각이 교차했다. 기존 법원의 판례에 의거할 때 승소 가능성이 높지 않다는 점에 대해 당사자에게 충분히 설명해야 할 필요도 있지만, 지푸라기라도 잡는 심정으로 찾아온 당사자에게 기존 판례를 들이밀며 기운을 빼는 일은 절대로 하지 않겠다고 다짐했다. 기존 판례에 의할 때 이기기 어려운 싸움을 펼치고 있는 시민 단체 활동가들과 더 자주 만나 그분들의 이야기를 담아야겠다고 생각한 것도 그때부터였다.

활동가들의 의견과 판례를 놓고 볼 때 판례보다 활동가들의 의견이 상식에 부합하는 듯 느껴지는 순간이 많았다. 그러면서 내가 법률가로서 가지게 된 나쁜 습관을 깨달았는데, 어떤 사안을 접했을 때 기존 판례부터 찾아본다는 것이다.

법률가로서 판례를 확인하고 숙지하는 것은 필수다. 최근 판례를 계속 확인하고 업데이트하는 건 상당한 노력과 시간이 필요하므로 성실하지 않으면 불가능한 일이다. 그러나 "판례가 이렇네" 하고 끝내버리는 건 오히려 게으른 태도일 수 있다. 판례를 확인하는 것 이상은 아예 생각하려고 하지 않기 때문이다.

사회적 약자는 자신의 목소리를 내는 것 자체를 힘들어하기에, 판사를 설득하는 논리를 개발하는 데 일정한 한계가 있을 수밖에 없다. 그러므로 판례는 힘 있는 자들의 논리로 만들어졌을 가능성이 높다. 판례를 확인하는 차원에서 생각을 멈추고 재고하지 않는 건 '기득권의 논리에 세뇌당한 것' 그 이상도 이하도 아니라는 생각에 닿았다. 법률가로서 나름 자부심을 갖고 살아왔는데 이런 생각은 나를 오싹한 공포에 빠뜨렸다. 리걸 마인드(legal mind, 법조인으로서 갖추어야 할 논리 체계)로 그럴싸하게 포장한 집단 착각에 빠져 있었던 그때부터 상식에 맞지 않는 법, 법 해석이라는 공정을 통해 법원에서 생산되는 판결문에 담긴 법과 싸움을 하기 시작했다.

지적장애인이 10년 넘게 노동력을 착취당한 신안군 염전 노예 사건, 풍등 하나 날렸다는 이유로 저유소 폭발에 전적인 책임을 떠안게 된 외국인 노동자 고양저유소 화재 폭발 사건, 지적장애인 명의 처벌불원서가 조작되었지만 그걸 확인하지 못한 판사에게 책임을 묻는 국가배상 사건, 정부가 지정 알선한 곳에서 3년 넘게 임금을 받지 못했음에도 아무도 책임지지 않은 임금 체불 사건, 상사의 폭언과 폭행으로 극단적 선택을 했지만 가해자가 형사처벌을 면한 고 김홍영 검사 사건 등 내가 맡은 사건에서 상식에 맞지 않는 법이 탄생하는 순간을 목격할 때가 종종 있다. 판결문을 통해 확인되는 법원의 법 해석이 비상식적이라는 생각이 들 때마다 눈감지 않고 싸워왔다. 이기든 지든 그 싸움이 필요하다고 생각했기 때문이다. 그러다 보니 '상식에 맞지 않는 법과 싸우는 변호사'라는 다소 과분한 타이틀을 얻었다. 이제는 이 타이틀이 또 다른 싸움터로 나를 이끌어 각자의 영역에서 고군분투하는 활동가와 변호사, 소중한 사람을 만나는 축복을 누리게 됐다.

상식에 맞지 않는 법과 싸우는 변호사로 살며 나는 나름 세 가지 철칙을 정했다.

1. 내 의견을 명확하게 정리하기

관련 판례를 찾아보기 전에 보편적 상식과 내가 공부하고 경험한 법 논리에 비추어 내 의견을 명확하게 정리한다.

2. 질문을 던지며 구시렁거리기

판례를 찾아 내 의견과 다를 경우 당황하지 않고 이런 질문을 던지며 구시렁 거린다.

'이 판례는 상식과 맞지 않는데, 왜 그런 것일까? 혹시 힘 있는 자들의 논리에 설득당한 것이 아닐까? 도대체 판사들은 왜 이런 논리에 설득당했을까? 판사들이 이런 논리에 설득당할 때 법률가들은 도대체 뭘 한 것인가? 구경만 했단 말인가?'

3. 박차고 일어나 새로운 전쟁터로

"우리가 바꿔야 할 판례를 하나 더 발견했구나! 새로운 판례를 만들어보자!"

왜 국민은 법원을 신뢰하지 않을까?
가끔 언론에 보도되는 상식에 맞지 않는 판결 때문일까?
이 질문에 대한 답을 법원의 불편하고, 부당하고,
불친절한 서비스에서 찾아보았다.

2장

국민이 법원을
신뢰할 수
없는 이유

약속을 일방적으로 미루는 법원에서 좋은 판결을 할 것이라고 기
대하는 국민은 단연코 없다.

약속 시간 어기고,
약속 날짜 미루고

법원을 신뢰하는 사람은 판사뿐이다?

앞에서 "악법은 국회에서'만' 만들어지는가?"라는 물음에 모든 법은
'해석'이라는 공정을 거치고, 그 공정을 법원에 맡겼기에 악법은 국
회가 아닌 법원에서 재생산될 수 있다는 이야기를 했다. 그렇다면 국
민들은 법원에 대해 어떤 생각을 하고 있을까?

대한민국 법원은 OECD 국가 중 국민 신뢰도 최하위권이라는
불명예를 안고 있다. 법원을 신뢰하는 사람은 판사뿐이라는 우스갯
소리가 있을 정도다. 왜 우리는 법원을 신뢰하지 않을까? 가끔 언론
에 보도되는 상식에 맞지 않는 판결 때문일까?

만날 때마다 약속 시간을 어기고, 만나기로 한 날짜에 임박해 일

방적으로 약속을 미루면 그 사람에 대한 좋은 기억을 간직할 수 있을까? 이제부터 할 이야기들은 내가 직접 경험한 것이며, 나뿐만 아니라 많은 국민이 겪는 내용이다. 다만 이런 말을 하면 사건 결과에 불이익이 오지 않을까 하는 두려움 때문에 차마 꺼내기 힘들었던 이야기일 뿐이다.

약속 시간 지키지 않는 판사를 신뢰할 수 있나?

아는 사람에게 돈을 빌려주었는데 받을 수 없다며 도움을 요청한 친구가 있었다. 일단 돈을 갚으라는 내용을 적어 '내용증명우편'을 보내라고 조언했는데, 상대방이 아무런 답변을 하지 않고 전화도 받지 않는다고 했다.

소송을 제기할 수밖에 없다며 내가 무료로 맡아 진행하겠다고 하니, 친구는 괜히 폐를 끼치기 싫다며 소장을 작성해주면 자기가 경험 삼아 전자소송을 통해 나 홀로 소송을 진행해보겠다고 해서, 그러라고 했다. 친구에게 유쾌한 경험은 아니지만 한 번쯤 도전해도 좋은 일이라 생각했기 때문이다.

그런데 어느 날 오전 다급하게 그 친구에게 연락이 왔다. 오전 10시 30분에 재판이 있어 회사에 양해를 구해놓았는데, 갑자기 오전 일찍 긴급회의가 잡히는 바람에 재판에 늦을 것 같다는 연락이었다. 발을 동동 구르며 전화한 친구에게 일단 재판을 조금 늦게 시작할 수도 있고, 한번 출석하지 못해도 다음번에 기회가 있으니 너무 걱정하지 말라고 했다. 그렇게 헐레벌떡 뛰어간 친구가 11시 30분경 다음과 같은 메시지를 보내왔다.

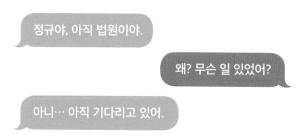

정규야, 아직 법원이야.

왜? 무슨 일 있었어?

아니… 아직 기다리고 있어.

친구는 긴급회의 중간에 상사의 눈치를 보며 도망치듯 빠져나와, 눈앞에 보이는 택시를 타고 재판 시간보다 5분 늦은 10시 35분 법정에 도착했다. 그곳에서 법정을 가득 메운 사람들과 변호사가 사건 번호가 호명되는 순서대로 앞으로 나가 재판을 받는 모습을 1시간 넘게 지켜본 끝에야 친구는 자기 차례가 되어 재판을 마쳤단다. 그리고 긴 시간 재판이 진행되는 것을 지켜보며 내 생각이 났다고 한다. 친구는 변호사라서 폼 나게 사는 줄 알았는데, 이런 험한 곳에서 일하는지 몰랐다며 나를 위로했다.

그러나 정말 위로받을 건 내가 아니라 친구였다. 재판 시간에 늦을까 봐 노심초사하고 상사의 눈치를 보며 헐레벌떡 법원으로 뛰어간 친구는 1시간 넘게 기다리면서도 미안하다는 말 한마디 듣지 못했다. 친구가 판사에게 받은 상처를 생각하며, 나 홀로 소송을 해보겠다는 친구를 말리지 못한 나 자신을 책망했다.

법원 재판부는 사건 당사자에게 구체적인 변론 시간을 지정해 통보한다. 변론 시간은 재판부가 사건 당사자에게 한 약속이다. 그런데 재판부가 약속 시간을 어기는 건 내 친구만 겪는 특별한 일이 아니고 대부분의 국민이 겪는 보편적 일이다. 하루에 여러 사건을 처리하느라 어려움도 있겠지만, 애초에 약속 시간을 지키려는 노력을 했는지 의문이 들기도 한다.

2019년 3월 28일 수원지방법원 안산지원 409호에서 겪은 일이다. 오후 3시 36분경 동료 변호사에게 이런 문자메시지가 왔다.

'오후 3시 50분 재판에 참석하려고 안산지원에 왔는데 현재 진행 중인 사건은 오후 2시 50분 재판이네요. 이거 1시간은 더 걸리겠네요. 불안해서 다시 사무실로 갔다 오기는 좀 그런데….'

혼자 기다리는 동료를 찾아간 오후 4시 30분에도 오후 3시 30분 사건이 진행되고 있었고, 법정 앞은 재판 순서를 기다리는 사람들로 북적거렸다.

앞에서 아주 중요한 사건을 처리하느라 동료의 사건이 밀렸을지도 모른다는 생각에 법정 앞에 붙은 '오늘의 재판 안내'를 훑어보다 보니 애초에 판사가 약속 시간을 지킬 마음이 있었는지 의심할 수밖에 없었다.

변론 시간	지정 건수	변론 시간	지정 건수
오후 2시 30분	8건	오후 2시 40분	10건
오후 2시 50분	10건	오후 3시	3건
오후 3시 10분	3건	오후 3시 20분	3건
오후 3시 30분	4건	오후 3시 40분	5건

그날 재판 안내에 따르면, 판사는 1시간 10분 동안 무려 40여 건의 사건을 처리하겠다는 계획을 세웠고, 우리와 한 약속을 지키려면 모든 사건을 건당 2분 이내에 종결했어야 했다. 하지만 그건 불가능에 가까운 일이다. 애초에 약속 시간을 지키지 않아도 된다는 생각이 아니었다면 그런 식으로 일정을 짜지 않았을 것이다. 판사가 재판정을 사용할 수 있는 요일이 특정되어 있고, 처리해야 할 사건 수가 많아 어쩔 수 없이 그렇게 계획했으리라는 생각도 들었다. 하지만 그렇다면 적어도 기다리는 민원인에게 사정을 설명하고 양해를 구하며 미안해하는 모습이라도 보여야 하지 않을까?

우리야 이게 직업이니 1시간 넘게 기다리는 것을 감내한다 하더라도, 재판에 참석하기 위해 긴급회의 중간에 뛰쳐나온 친구 같은 사람들에게 1시간의 의미는 다를 것이다.

재판 시간을 준수하지 않은 판사의 불친절은 그냥 참고 넘어가야 할 문제일까? 판사라면 당연히 재판 당사자를 배려할 의무가 있고 자신이 약속한 변론 시간을 준수하는 것도 그 의무 중 하나일 텐데, 어쩔 수 없이 지키지 못한 것이 아니라 애초에 지킬 생각이 없어 발생하는 지연에 대해서는 최저 시급 8,720원(2021년 기준)이라도 보상해주어야 하는 것 아닌가? 버스, 기차, 비행기의 출발 시간이 지연될 경우 그에 상응하는 보상이 이루어지는 것처럼 말이다.

약속을 일방적으로 미루는 판사를 신뢰할 수 있을까?

경찰서 등 수사기관에 출석해 조사를 받는 건 유쾌한 일이 아니다. 특히 수사기관에서 죄를 지었다며 공소를 제기해 법원 재판정에 서는 건 정말 끔찍한 일이다. 그렇게 어려운 과정을 거쳐 1심 법원에서 무죄를 받았는데, 검사가 무죄판결을 받아들일 수 없다며 항소하는 바람에 다시 재판정에 서야 한다면? 당사자는 재판이 빨리 종결되어 무죄가 확정되기를 간절히 바랄 것이다.

1심 법원에서 무죄를 받은 후 검찰이 항소한 사건을 맡아 변론한 적이 있다. 검사는 항소심 첫 번째 공판기일에 증인 신청을 하며, 마치 수사와 1심 재판 과정이 없었던 것처럼 이 증인이 무죄판결을 뒤집을 유력한 증언을 할 것이라고 엄포를 놓았다. 재판부는 피고인에게 '그 증인을 부르기에 앞서 서면 진술서를 받아 제출하면 증인 채택 여부를 고려해보겠다'며 다음 공판기일을 잡았다.

1심보다는 신속하게 진행되는 항소심 재판의 특성상 첫 번째 공판기일로 재판이 끝날 것이라 기대했던 피고인과 나는 다음 공판기일이 잡히자 고개를 떨구었다. 이미 오랜 기간 수사와 1심 재판을 거쳤는데 항소심에서 새로운 걸 입증하겠다며 증인을 신청하는 공판 검사의 태도가 탐탁지 않았다. 하지만 재판부가 우선 서면 진술서를 제출하라며 불필요한 증인신문 과정을 생략하려는 상황이다 보니 공판기일이 한 차례 더 잡히는 것에 "재판장님, 이의 있습니다!"라고 외칠 용기를 내지는 못했다.

그런데 그 후 공판 검사는 제출하겠다는 진술서는 제출하지 않고 공판기일에 임박해 두 차례 기일 변경 신청서만 제출했다. 9월 6일에 잡힌 공판기일을 앞두고는 4일 전에, 10월 16일 잡힌 공판기일을 앞두고는 2일 전에 제출한 검사의 공판기일 변경 신청을 재판부는 모두 허가해주었다. 두 번 모두 전화 한 통으로 변경 사실을 통보했고, 이유는 설명해주지 않았다. 나중에 우편으로 송달받은 공판기일 변경 통지서에도 변경 이유에 대한 언급은 단 한 줄도 없었다.

공판기일이 연거푸 연기되는 데 대해 피고인은 불편한 기색을 숨기지 않았고, 공판기일 연기를 막아내지 못한 나는 연신 죄송하다는 말을 해야 했다. 첫 번째 공판기일에 "재판장님, 이의 있습니다!"라 외치며 박차고 나가지 못한 나를 자책하며, 이유를 알 수 없는 공판기일 연기에 속수무책으로 당하고 있을 수밖에 없는 현실이 야속했다.

형사사건에서 재판부는 공판기일을 미리 지정해 재판 당사자에게 통지한다. 공판기일은 재판부가 재판 당사자에게 한 약속이다. 재판 당사자는 공판기일에 출석하기 위해 그날 일정을 비워둔다. 직장

2060805-880944   15471
제5형사부
2019-079-284-19-11-08-16-30-412

서 울 중 앙 지 방 법 원

등 본 입 니 다
2019. 10. 15.
서울중앙지방법원
법원사무관 ●●●

제 5 형 사 부

공판기일변경명령

사   건   2019노●● 사기등

피 고 인   ● ●

위 사건에 관하여 2019. 10. 16. 10:00의 공판기일을 다음과 같이 변경한다.

다   음

변경한 기일 : 2019. 11. 8. 16:30 서관 제422호 법정(법정4번출구)

2019. 10. 15.

재판장   판사   ●●●

공판기일 변경 명령.
공판기일 하루 전날 통보받았다.
날짜를 변경한 이유는 어디에도 나와 있지 않다.

인이라면 상사의 눈치를 봐가며 휴가를 냈을 것이고, 자영업자는 가게 문을 닫았을 것이다. 그리고 앞서 이야기한 피고인처럼 검찰이 무죄판결에 항소해 이 지긋지긋한 싸움을 빨리 끝내고 싶은 사람에게 재판 연기는 지옥 같은 시간이 연장되는 일이다.

재판기일 변경이 재판부와 공판 검사 입장에서는 그날 진행해야 할 수십 건의 사건 중 하나를 그날 처리하지 않기로 한 것에 불과하겠지만, 당사자에게는 여러 계획을 수정해야 하고 가슴을 쓸어내려야 할 일이다. 그럼에도 변경 이유를 설명하지 않는 무성의한 재판기일 연기는 국민들의 눈살을 찌푸리게 한다.

아주 최근의 일은 아니지만 법정에서 2시 재판을 기다리던 중 2시 30분에 재판이 시작된다는 일방적 통보를 받은 적이 있다. 통보해주던 법원 직원은 "판사님이 법원장과 오찬을 했는데 그게 늦게 끝나 재판이 늦게 시작된다"는 말을 남겼는데, 그 말이 오롯이 기억에 남는다.

법원은 국민을 위해 존재하는 국가기관이고, 법관은 그 일을 맡은 공무원일 뿐, 그 이상도 이하도 아니기에 법관은 법원장과의 약속을 어기더라도 국민과의 약속인 재판 시간을 철저히 지켜야 한다.

약속 시간을 어기고 약속 날짜까지 일방적으로 미루는 법원에서 좋은 판결을 할 것이라고 기대하는 국민은 단연코 없다. 이런 형식적인 것을 가지고 법원의 신뢰도를 운운하고, 악법이 탄생하고 불량 판결문이 쏟아지는 나쁜 '공장'으로 표현하는 것이 무리한 주장이라고 생각할지도 모른다. 그러나 애초에 이런 주장이 나오지 않도록 법원은 국민과의 약속을 어기는 무리수를 두지 말았어야 한다.

02

소송을 제기할지 말지, 그리고 제기한 소송 과정에서 화해를 할지 말지, 판결에 항소할지 말지는 전적으로 우리의 선택이다. 우리에겐 판사에게 막말을 들을 이유가 없다.

생략되고 왜곡되는
변론조서

내가 하는 말이 어떻게 남는지가 중요하다

경찰, 검찰 등 수사기관에 출석해 조사를 받으면, 내가 하는 말을 수사관들이 열심히 정리해 '신문조서'로 만든다. 친절한 서비스이긴 하지만, 문제는 내가 한 말을 그대로 정리하지 않고 부실하게 정리하거나 아예 잘못 정리하는 경우가 있다는 것이다.

나중에 법원 재판을 받을 때 내가 한 말대로 정리되지 않은 피의자 신문조서가 발목을 붙잡을 때가 종종 있다. 지금은 수사기관 등 권력기관의 힘이 많이 약해졌지만 경찰서, 검찰청에 출석해 조사를 받는다는 건 국민들에게는 여전히 매우 두려운 일이며, '호랑이 굴에 들어가도 정신만 똑바로 차리면 산다'는 속담처럼 정신을 바짝 차리고 조사를 받은 후에도 내가 말한 대로 조서가 작성되었는지 확인하는 것은 쉽지 않은 일이다.

법에서는 내가 하는 말보다 그 말이 어떻게 기록으로 남는지가 중요하다. 그 중요성을 누구보다 잘 알고 있었던 양승태 전 대법원장은 사법 농단 의혹으로 2019년 1월 11일, 14일, 15일 등 세 차례 검찰 조사를 받았다. 그는 그 과정에서 검사가 작성한 피의자 신문조서에 기재된 내용이 자신이 한 말과 동일한지 21시간 30분간 검토했지만 다 마치지 못했다며 17일 다시 출석해 조서를 열람하며 꼼꼼히 검토했다.

피의자 신문조서가 얼마나 심하게 왜곡되는지는 풍등 화재 외국인 피의자 사건을 변론하며 경험했다. 당시 경찰은 공사 현장에서 일하는 외국인 피의자가 풍등을 날리기 전 공사 현장 주변에 저유소가 있다는 사실을 알았는지 여부를 추궁했다. 외국인 피의자는 저유소가 있는지 잘 몰랐다고 진술했다고 하는데, 피의자 진술조서에는 그 진술이 딱 두 줄로 정리되어 있었다.

피의자 신문조서 기재 내용
문 : 숲 아래에는 무엇이 있는가요, 석유 저장소가 있지요.
답 : 예.

자기는 그렇게 이야기한 적이 없다는 피의자의 말이 거짓일 수도 있겠지만, 당연히 들통날 이야기를 변호인에게 할 이유가 없다고 생각한 나는 검찰 수사를 앞두고 경찰 피의자 신문 녹화 영상을 정보 공개 청구했다. 확인해보니 피의자의 말대로 피의자 신문조서 기재 내용이 사실과 다르다는 것을 알 수 있었다.

통역이라는 절차를 거쳐 피의자와 수사관이 약 5분간 나눈 대화는 다음과 같다(피의자와 통역인이 스리랑카어로 말한 부분은 생략했다).

영상 녹화 녹취록

경찰 : 숲 아래는 뭐가 있어요?

피의자(통역) : 밑에 내려갈 때까지 숲이 있습니다.

경찰 : 그러니까 숲, 공사장 길 숲 그 밑에 뭐가 있어요?

피의자(통역) : 정확히는 모르겠고 한쪽에는 가는 길이 있는 거요.

경찰 : 숲 아래 있는 시설, 그 회사 있죠, 회사?

피의자(통역) : 모릅니다.

경찰 : 저장 탱크 있는 그 회사?

피의자(통역) : 우리 회사보다 멀리 있죠. 우리 회사 내려가는 거 아니에요?

경찰 : 그러니까요. 회사는 산 중턱에 있잖아요. 산 중턱에 있는데 그 중턱에
　　　서 내려기면 이떤 공간이 니오냐 이거예요?

피의자(통역) : 바로 밑에 있는 거 아니고요?

경찰 : (언성 높이며) 숲 아래는 석유 저장소 있죠?

피의자(통역) : 네.

이런 피의자 신문조서에 증거능력을 부여하는 것이 과연 옳은지 여러 차례 논란이 있었고, 경찰이든 검찰이든 수사기관에서 정리한 진술조서는 당사자가 동의하지 않는 한 증거능력을 부여하지 않도록 하는 형사소송법 개정이 논의되고 있다.

법원에서 이루어지는 말은 어떻게 기록될까?

그렇다면 이러한 왜곡이 수사기관에서만 이루어지는 일일까? 놀랍게도 법원 재판정에서도 이와 같은 일이 벌어질 수 있다.

재판정에서는 여러 말이 오간다. 변호사인 나도 가끔 기억이 잘 나지 않아 변론조서를 확인해보는데, 조서에는 진술 내용 등이 구체적으로 기재되어 있지 않은 경우가 많다. 왜 그럴까? 민사소송법 제155조에 이렇게 규정되어 있기 때문이다.

민사소송법 제155조(조서 기재의 생략 등)

① 조서에 적을 사항은 대법원 규칙이 정하는 바에 따라 생략할 수 있다. 다만, 당사자의 이의가 있으면 그러하지 아니하다.

조서 내용을 원칙적으로 생략할 수 있다고 규정하고, 이의를 제기하면 제대로 적는다는 것인데, 결국 이 조항 때문에 변론조서가 수사기관에서 작성한 조서처럼 꾸며질 수 있는 것이다. 법정에서 법관

서울중앙지방법원
변론조서

1차

사　　건　　2018가합　　　　　　장애인 차별행위중지 등

재판장 판사　　●●●　　　　　　기　　일 : 2018. 12. 19.　14:20
판　　사　　●●●　　　　　　장　　소 : 동관 제559호 법정
판　　사　　●●●　　　　　　공개 여부 : 공　개
법원 사무관　●●●　　　　　고지된
　　　　　　　　　　　　　　다음 기일 : 2019. 1. 23.　11:10

사건과 당사자의 이름을 부름

원고들 소송대리인 변호사 최정규
　　　한정후견인 ●●●●●시설협회 이사　●●●　　　　　　각 출석

피고 소송수행자　●●●　　　　　　　　　　　　　　불출석

- -

원고들 대리인

　　소장 및 2018. 12. 11.자 준비서면 각 진술

피고의 2018. 12. 10.자 준비서면 진술간주

증거관계 별도 목록과 같음(원고 서증등)

속행(원고측 주장 보완을 위하여)

　　　　　　　　법원 사무관　　　●●●　　

서울중앙지방법원 변론조서.
별다른 내용 없이 아주 간략하다.

이나 당사자의 이야기를 제대로 기재하지 않으면 여러 불편을 초래한다. 그 불편은 국민들의 몫만은 아니다. 내가 공익 법무관으로 근무할 때 있었던 에피소드가 떠오른다.

"오늘 한 이야기는 모두 변론조서에 남겨주세요"

공익 법무관으로 대한법률구조공단 서울중앙지부에서 일하기 시작했을 무렵, 공익 법무관들이 함께 쓰는 칠판에 이런 문구가 적혀 있는 것을 본 적이 있다.

'민사항소 8부 주의!!!'

선배 공익 법무관들에게 문구를 쓴 이유를 물어보니, 공익 법무관 등 소송대리인을 비인격적으로 대우하는 재판장에게 여러 피해를 입었다고 했다. 민사항소 8부에서는 "주장하는 내용이 이게 뭐냐? 사법연수원에서 제대로 배운 거냐? 증거를 항소심에서 이렇게 왕창 제출하면 어떻게 하냐? 왜 똑바로 말을 못하냐? 어제 술 먹었냐?" 등 도저히 법정에서 할 법한 내용이 아닌 발언이 난무한다고 했다.

서울중앙지부에서 근무한 지 3개월이 지났을 때 그 민사항소 8부가 진행하는 재판에 출석해야 할 일이 생겼는데, 전날부터 잠이 오지 않았다. 고민을 거듭하다 묘책을 생각해내고 재판 시작 전, 재판장님께 이런 말을 했다.

"오늘은 항소심 첫 번째 변론기일이기에 재판장님이 오늘 법정에서 하는 이야기는 정말 중요한 것일 텐데, 제가 혹시 잘 담지 못할까 염려되어 오늘 하시는 말씀은 전부 변론조서에 남겨주시면 열람해 확인해보겠습니다."

나는 이 묘책 덕분에 그날도, 그 이후에도 민사항소 8부가 진행하는 재판이 두렵지 않았다. 그리고 후배 공익 법무관들에게 이 비법을 전수했다. 물론 후배 공익 법무관들이 이 비법을 잘 활용했다는 소식을 전해 듣지는 못했으나, 그래도 나는 칠판에 '민사항소 8부 주의!!!'라고 적는 방법이 아닌 기막힌 일급비밀을 전달했으니 할 일을 다한 것이리라.

국민을 향한 판사의 막말

존댓말 판결문이 화제가 된 적이 있다. "판결문을 받아보는 분은 국민이고, 국민은 나라의 주인이지 않습니까? 나라의 주인한테 판결문을 보내는데 존댓말을 쓰는 게 더 자연스럽다고 생각합니다"라는 판사의 인터뷰를 들으며 많은 사람들이 감동을 받았다. 법정에서 만나는 판사가 모두 법정에서 국민들을 그렇게 대하면 좋으련만 현실에

선 그렇지 못한 순간을 자주 경험한다.

"이웃 간에 서로 양보 좀 하고 잘 해결할 것이지 법원에까지 와 가지고", "살다 보면 정상적이지 않은 사람도 있다. 그래서 민사소송 이 발생한다" 같은 말로 소송으로 법정에 온 국민들을 비정상적인 사 람 취급한다.

또 "인정된다고 하더라도 적은 금액일 텐데 소송을 제기할 이유 가 뭐가 있나?", "화해하지 않으면 불리한 판결을 하겠다"라며 어렵 게 제기한 소송을 취하하라고 종용하는 경우까지, 아주 다채로운 일 이 법정에서 벌어지고 있다.

재판청구권은 헌법상 보장하는 권리이므로 우리가 충분히 누려 야 할 기본권이다. 소송을 제기할지 말지, 그리고 제기한 소송 과정 에서 화해를 할지 말지, 판결에 대해 항소할지 말지는 전적으로 우리 의 선택이다. 여러 고민 끝에 내린 선택을 우습게 여기고 왈가왈부하 는 판사를 만날 때면 정말 화가 난다.

임금 체불 사건 당사자를 대리해 소송을 진행하는 내게 담당 판 사가 전화를 걸어온 적이 있다. 판사는 왜 소송을 하는지 묻고 결과 를 예단하는 듯한 말을 했다. 나는 이 사안에 대해 2019년 공개적으 로 문제를 제기한 적이 있다. 내가 제기한 문제에 대해 해당 법원은 "판사가 좋은 의도로 전화를 걸었다"고 해명했다. 그러나 의도가 어 떻든 판사에게 이런 이야기를 들으면 헌법에 적힌 재판청구권이 제 대로 보장되고 있는지 의문이 든다. 존댓말 판결문을 쓴 판사의 인터뷰 내용처럼 나라의 주인은 분명히 국민이다.

전화를 걸어온 판사에 대해 공개적으로 문제를 제기할 수 있었던 건 그 전화 내용을 녹음했기 때문이다. 그런데 법정에서는 녹음을 하기 어렵다. 법원조직법 제59조에는 '누구든지 법정 안에서는 재판장의 허가 없이 녹화, 촬영, 중계방송 등의 행위를 하지 못한다'라고 규정하고 있고 실제 판사들은 녹음 등을 허가하지 않는다. 단지 변론조서로 꾸며 정리해 보관할 뿐이다.

2019년 국정감사 때 최근 5년 동안 국민들이 판사에게 막말을 듣고 대법원에 진정과 청원을 낸 사례는 88건이었는데, 대법원이 문제라고 인정한 사례는 단 2건뿐이라는 보고가 있었다. 진정과 청원이 88건뿐인 이유는 국민들이 문제를 제기한 뒤 겪을 수 있는 불이익을 염려했기 때문일 것이다. 또 대법원이 인정한 사례가 2건에 불과한 이유는 증거를 제대로 확보하지 못했기 때문일 것이다. 막말을 들은 재판 당사자가 이후 변론조서를 확인했을 때 그 막말이 변론조서에 고스란히 남아 있는 경우는 아주 드물 테니까.

앞에서 설명한 내용처럼 판사의 막말이 문제가 될 때가 있다. 또 재판장이 변호사의 변론권을 침해했다는 주장도 간간이 나온다. 아울러 당사자 소송의 경우 재판상의 말을 제대로 이해하지 못해 변론조서를 통해 확인해야 하는 경우도 자주 있을 것이다. 그런데 변론조서가 앞 사례와 같이 생략되는 이상 재판정에서 재판장이 한 말을 제대로 확인하는 것은 불가능하다.

당사자의 녹음을 허용하지 않는 법정, 그 법정에서 오가는 말을 생략한 채 조서를 정리하는 서비스에 만족할 국민이 있을까? 막말도 생략되고 보기 좋게 꾸며지는 조서 제도는 하루빨리 정비되어 국민의 요청에 부응하는 제도로 바뀌어야 한다.

2021년 9월 재판 과정의 투명성과 공정성 확보를 위해 '민사 법정 심리 전부를 속기하게 하고 녹음 또는 영상 녹화를 의무화'하는 민사소송법 개정안이 발의되었다.

재판이 열리는 데 1년이 걸린다는 걸 이해하는 국민이 있을까? 과연 법원이 법이 부여한 권한을 제대로 행사할 의지가 있다고 할 수 있을까?

느긋한 법원,
재판은 쉽게 열리지 않는다

변론기일 지정만 하염없이 기다리는 사람들

억울한 사연을 가지고 법원을 찾는 사람들은 마음이 다급하다. 그러나 법원은 느긋하게 사건을 진행한다. 사건 접수 순서에 따른다고는 하지만 너무 더디게 진행해 당사자들이 발을 동동 구를 때가 종종 있다.

노동자가 회사에 다니다 해고당한다는 건 생존권을 위협받는 절체절명의 순간이나. 부낭 해고를 구제해달라고 하는 구제신청을 지방노동위원회와 중앙노동위원회에 제출했지만 인정받지 못한 해고 노동자는 정말 다급했을 것이다.

사건 번호 : XX지방법원 2020구합******
기본 내용

사건 번호	2020구합******	사건명	[전자] 부당 해고 구제 재심 판정 취소
원고	김**	피고	중앙노동위원회위원장
재판부	제2행정부 (나) (전화: ***-470-1474, 1475(재판 요일 : 목요일))		
접수일	2020. 3 .18	종국 결과	

그렇게 2020년 3월 18일 법원에 소장을 접수했고 2020년 4월 19일, 10월 14일 두 차례나 재판을 열어달라고 요청하는 '기일 지정 신청서'를 제출했으나 법원은 묵묵부답. 당사자는 이렇게 호소했다.

"재판이 언제 열리나요?"

9개월째 기다리다 지친 당사자가 도대체 언제 변론기일이 잡히냐고 연락하자 재판 실무를 담당하는 공무원은 현재 재판부에 계류 중인 사건이 500건이고, 2020년 1월에 접수된 사건이 이제 기일이 잡히고 있으니 내년 초에나 이 사건 변론기일이 지정될 예정이라고 했다.

해고의 부당성을 다투는 당사자들의 다급한 사정을 조금 더 헤아려 변론기일을 빨리 잡아줄 수 없냐는 질문에, 모든 당사자의 사정을 헤아리는 건 불가능하다며 순서대로 진행할 수밖에 없다고 답했다. 그리고 원래 우리 법원 행정부가 3개인데 1개가 없어져 현재 2개의 재판부가 진행하고 있다며, 제1행정부는 2019년 12월 접수된 사건에 대한 기일을 잡고 있는데 우리(제2행정부)는 제1행정부보다 한 달 더 빨리 진행하는 등 최선을 다하고 있다며 이해를 구했다.

소송을 제기하고 결론을 받는 데 1년이 소요된다고 해도 답답할 노릇인데 재판이 열리는 데 1년이 걸린다는 걸 이해하는 국민이 있을까? 다른 재판부보다 한 달 더 빨리 진행한다는 설명에 감동받을 국민이 있을까?

장애인 차별을 시정해달라며 법원에 호소하는 장애인 차별 중지 소송에서 볼 수 있는 재판 지연은 더 심각하다.

다급한 장애인, 느긋한 법원

2020년 6월 24일, 우체국은행은 '피한정후견인(정신장애인)에 대한 예금 거래 개선 계획'을 발표했다.

우정사업본부

피한정후견인 예금 거래 개선 계획

□ 추진 일징

- 비대면 거래(CD/ATM, 체크카드) 시스템 개발 완료 : 2020. 6. 17(수)
- 비대면 거래 및 동의 절차 개선 시행 : 2020. 6. 24(수)

재산 관리에 어려움을 겪는 정신장애인은 민법상 후견 제도를 이용할 수 있다. 그런데 우체국은행은 지금껏 후견 판결을 받은 정신장애인에 대해 아주 적은 금액도 현금인출기(ATM기) 및 체크카드 거래 등 비대면 거래를 허용하지 않고 후견인 '동의서'를 통해 진행할 수 있는 거래조차 후견인 '동행'을 요구했다.

이에 따라 정신장애인들은 은행이 문을 닫는 야간이나 주말에는 돈을 아예 인출할 수 없는 불편을 감수해야 했다. 국가가 재산 관리를 돕기 위해 한정 후견 제도를 이용하라고 해놓고 오히려 불편을 준 것이다. 100만 원 이상의 돈을 인출할 때면 매번 후견인에게 연락해 은행에 함께 가자는 번거로운 부탁을 해야 하느냐는 볼멘소리가 나올 만한 상황이었다.

정신장애인 당사자들이 이 문제를 처음 제기한 건 2018년 4월이다. 2년이 지나서야 불편하고 부당한 우체국은행 서비스가 개선된 것이다. 그런 개선이 이루어진 것은 국가인권위원회가 2019년 5월 후견 판결을 받은 정신장애인에 대한 서비스 개선책 마련이 필요하다는 의견을 금융감독원장에게 표명하고, 정신장애인 18명이 제기한 장애인 차별 중지 소송에서 2019년 8월 승소했기 때문이다.[03]

2019년 5월 국가인권위원회가 의견을 표명했고, 8월에는 소송에서 승소했는데, 10개월이 지난 2020년 6월에야 뒤늦게 우체국은행 거래가 개선된 것은 우체국은행의 거래 개선에 대한 소극적인 자세 때문이었지만, 장애인 차별 행위를 신속하게 중지시킬 권한을 부여받은 법원의 소극적 태도 때문이기도 했다.

장애인차별금지법 제48조 제1항은 다음과 같은 조항을 두었다.

법원은 이 법에 따라 금지된 차별 행위에 관한 소송 제기 전 또는 소송 제기 중에 피해자의 신청으로 피해자에 대한 차별이 소명되는 경우 본안 판결 전까지 차별 행위의 중지 등 그 밖의 적절한 임시 조치를 명할 수 있다.

차별당하는 장애인이 하루빨리 차별에서 벗어날 수 있도록 하기 위해 법원이 행사하는 권한이 바로 '임시 조치 명령 제도'다. 그러나 장애인차별금지법이 시행된 지 13년째를 맞이하는 2021년 4월 1일 기준 이 명령이 내려진 건 딱 한 차례에 불과하다.

2018년 11월 30일	소송 제기
2018년 12월 4일	임시 조치 신청(서울중앙지방법원)
2018년 12월 19일	심문기일 진행 후 임시 조치 결정 내려지지 않음
2019년 8월 28일	제1심 판결 선고
2019년 11월 28일	임시 조치 신청(서울고등법원)
2020년 5월 14일	심문기일 진행 후 임시 조치 결정 내려지지 않음
2020년 6월 24일	우체국은행 예금 거래 개선 계획 실시

이 사건 소송 중에도 정신장애인들은 두 차례나 임시 조치 명령 신청서를 법원에 제출했다. 비대면 거래는 시스템 개발 등의 시간이 필요하더라도 동의서라는 서면이 아닌 후견인의 동행을 요구하는

부당한 거래 관행을 즉각 멈춰달라는 다급한 호소였다. 그러나 법원은 두 차례나 당사자들의 호소를 묵살했다.

차별 피해를 입은 장애인들의 다급한 호소에 법원이 느긋한 태도를 보인 건 이번만이 아니다. 루게릭병으로 장애 정도가 심한 지체장애가 있는 임현섭 씨는 관련 조례에 의거할 때 장애인 콜택시에 탑승할 자격이 있음에도 2년 넘게 장애인 콜택시 탑승을 거부당했다. '휠체어를 타지 않은 장애인'이라는 것이 이유였다.

근육 경련, 어지럼증으로 휠체어를 타고 싶어도 그럴 수 없는 장애 당사자의 사정을 고려하지 않은 부당한 처사라며 국가인권위원회는 차별 시정을 권고했지만 성남시는 받아들이지 않았고, 결국 임현섭 씨는 법원에 2019년 4월 임시 조치 명령을 내려줄 것을 요청했다.

그러나 임시 조치 명령 신청서를 접수받은 수원지방법원은 두 달 넘게 성남시조차 문제 삼지 않는 '관할' 판단에 소비하고 사건을 성남지원으로 이송해버렸다. 관련 언론 보도가 나온 후 성남시가 태도를 바꿔 장애인 콜택시 탑승을 허용하기 전까지 성남지원도 임시 조치 명령을 작동하지 않았다. 답답해하던 임현섭 씨는 차별 시정을 신속하게 진행시키지 않은 법원에 불합리한 차별을 받았다며 국가인권위원회에 진정서까지 제출했다. [04]

장애인차별금지법은 2021년 시행 13년을 맞이한다. 그러나 법원은 임시 조치 명령을 내려달라는 피해 장애인들의 다급한 호소를 묵살했으며, 사건을 다룰 법원 선정에 대한 기본적인 시스템조차 정비하지 않은 채 우왕좌왕하고 있다. 과연 법원이 법이 부여한 권한을 제대로 행사할 의지가 있다고 할 수 있을까?

행정소송 미제 사건 심리 기간별 건수표
가. 제1심

구분 / 법원	합계	심리 중					중단·중지
		소계	법정 기간 내	1년 이내	2년 이내	2년 초과	
합계	14,510	14,503	7,278	4,763	1,827	635	7
서울행정법원	5,687	5,685	2,754	1,963	710	258	2
의정부지방법원	796	796	448	205	102	41	-
인천지방법원	846	846	416	274	115	41	-
수원지방법원	1,762	1,760	906	614	189	51	2
춘천지방법원	315	315	190	59	38	28	-
강릉지원	(78)	(78)	(35)	(20)	(12)	(11)	(-)
대전지방법원	1,230	1,230	484	472	218	56	-
청주지방법원	220	220	119	53	34	14	-
대구지방법원	783	782	409	259	89	25	1
부산지방법원	579	579	353	164	50	12	-
울산지방법원	371	371	169	151	45	6	-
창원지방법원	589	589	340	173	56	20	-
광주지방법원	674	673	391	178	72	32	1
전주지방법원	390	389	186	100	71	32	1
제주지방법원	268	268	113	98	38	19	-

사법부가 2020년 발간한 〈사법 연감〉에 의하면 2019년 심리 중인 민사 제1심 미제 사건은 39만 6,170건, 1년 이상 심리 중인 사건

은 3만 7,641건으로 전체 사건의 약 9.2%를 차지한다.

아울러 2019년 심리 중인 행정 제1심 미제 사건은 1만 4,503건, 1년 이상 심리 중인 사건은 2,462건으로 전체 사건의 약 16.9%를 차지한다.

법원은 신중한 판단을 위해 1년 이상 심리는 불가피하다고 주장하겠지만, 기일 잡히는 데만 거의 1년이 허비되는 현실을 고려해보면 그런 주장은 설득력이 떨어진다고 할 것이다.

2월 법관 인사이동 시즌에 흔히 볼 수 있는 풍경

매년 2월 법관 인사이동이 있다. 그래서 더더욱 2월에 잡힌 기일이 특별한 이유 없이 갑자기 연기되는 경우가 많다. 불가피한 면도 있지만, 그래도 잡힌 기일은 원칙대로 진행해야 하지 않을까? 올해 (2021년) 법관 인사이동 때도 이와 같은 일은 버젓이 일어났다.

이혼 후 받지 못한 양육비를 청구하려는 의뢰인을 대리해 아이 아빠를 상대로 소송을 제기한 적이 있다. 양육비를 지급해달라는 청구서를 가정법원에 제출한 후 4개월 만에 잡힌 첫 심문기일. 당사자는 재판에 참석하기 위해 휴가까지 내고 그날을 손꼽아 기다렸는데, 재판 하루 전날 갑자기 법원에서 연락이 왔다. 재판기일을 2개월 후로 연기한다는 내용이었다.

사건 번호 : XX가정법원 XX지원 2020느단****

기본 내용

사건 번호	2020느단****	사건명	[전자] 양육비
원고	박OO	피고	이OO
재판부	가사4단독(비송) (전화: ***-481-**** (화요일은 재판으로 통화가 어렵습니다))		
접수일	2022.10.7	종국 결과	
병합 구분	없음		
상소일		상소 각하일	
송달료, 보관금 종결에 따른 잔액 조회		사건이 종결되고 송달료 종결 혹은 보관금 계좌가 종결된 경우에만 조회 가능합니다.	
판결 도달일		확정일	

최근 기일 내용

일자	시각	기일 구분	기일 장소	결과
2021.2.8	11:00	심문기일	제309호 법정	기일 변경
2021.4.6	15:40	심문기일	제309호 법정	

　　당사자가 실망할 것이 걱정되어 그 이유라도 듣고 전하려고 했는데, 법원 직원은 그저 판사의 사정 때문이라며 자세히 설명해주지 않았다. 결국 재판이 연기되었다는 소식을 전하는 건 대리인인 나의 몫이었다. 뭘 잘못한 것도 아닌데 이럴 때면 재판 연기를 막지 못한 내가 죄인이 된 것처럼 마음이 무겁다. 당사자는 재판 연기 소식을 접하고 이런 말을 했다.

"정부는 양육비 문제를 신속하게 해결해준다고 하는데, 재판 날짜도 계속 연기되고 혼자 아이를 키우는 게 힘들어도 너무 힘들어요."

법원은 재판부 구성이 바뀔 것이 예상되는 경우 1회 기일부터 새로운 재판부가 진행하는 것이 더 효율적이고 신중한 판단을 위해 필요하다고 주장할 것이다. 그렇지만 당사자에게는 신중한 판단뿐 아니라 신속한 판단, 신속한 진행도 중요하다는 사실을 간과하지 않았으면 좋겠다.

2022년 9월, 재판 지연으로 인한 국민의 불편을 해소하고 국민의 알 권리 보장을 위해, 사법부의 신속한 재판 진행을 독려하는 '법원조직법 일부 개정 법률안'이 국회에 제출되었다. 이 법안에는 사건 처리 현황 공개를 골자로 하여, 각급 법원이 분기별로 재판부별 사건의 접수·처리·미제 건수·미제분포지수 등 대법원 규칙으로 정하는 사항을 인터넷 홈페이지에 게시하는 등의 방법으로 공개하도록 한 내용이 담겨져 있다.

우리가 존중해야 할 건 사법부가 선고하는 판결이지 국민을 향한
법원의 불편하고 부당한 서비스가 아니다.

법원의 불편하고 부당한
민원 서비스

높고도 높은 법원의 문턱

지하철 2·3호선 교대역 지하철 10번 출구로 나와 비탈길을 걸어 올라가면 우리나라 최대 법원인 서울중앙지방법원과 서울고등법원이 있는 서울법원 종합청사가 있다. 법원 청사 문을 열고 들어가면 기다리고 있는 건 법원 건물이 아니라 법원 앞 정원이다. 그 정원을 지나 법원 건물 안으로 들어가기까지 500m, 도보로 10분 넘게 걸을 때마다 법원의 문턱을 생각하게 된다.

연수생 시절 사법연수원은 서울법원 종합청사 안에 있었다. 국회의원처럼 금배지는 아니더라도 사법연수생에게 제공하는 배지를 달고 그 청사를 올라갈 때마다 뿌듯했다. 잘 가꾼 법원 정원도 나를

반겨주는 듯 멋지게 느껴졌다. 그런데 요즘 재판에 참석하기 위해 서울법원 종합청사를 오를 때마다 지하철역과 연결된 백화점과 달리 도대체 법원은 지하철역과 왜 이렇게 멀리 떨어져 있는지, 주차장이 부족해 민원인들은 얼씬도 하지 못하는데 누구 좋으라고 정원을 만들어놓았는지 투덜거리게 된다.

내 생각이 이렇게 바뀐 건 공익 법무관, 대한법률구조공단 변호사로 일하면서 법원 문턱을 넘기 힘들어하는 국민들을 만나면서부터다. 병원에 가서 진료를 받을 때 의사를 '산다'는 표현을 쓰는 사람은 본 적이 없지만 아직 변호사를 '산다'는 표현이 통용되는 것처럼, 변호사는 전문가 집단이지만 돈으로 살 수 있는 구매 대상으로 여겨진다. 삼성 경영권 불법 승계 사건 관련자를 변호하는 변호사가 약 400명이라는 언론 보도가 나온 후 자본주의사회에서 그게 무슨 문제냐는 댓글이 달린다. 그러나 자본주의사회에서 그게 가능한 사람은 별로 없고 대부분의 국민들은 변호사 한 명 사기도 어려운 실정이다.

결국 법원 문턱을 홀로 넘어야 하는 국민들은 전국 법원 앞에 있는 대한법률구조공단 사무실에 장사진을 치고, 상담 직원과 변호사는 법률 상담이라는 이름으로 훈수를 둔다. 변호사 400명의 조력으로 사건을 진행하는 사람이 있는 반면에 이렇게 들은 훈수를 의지해 재판을 진행해야 하는 사람도 존재한다.

많은 국민들이 재판 중 법원 판사가 하는 말을 제대로 이해하지 못했을 때, 판결문을 받았지만 그 내용이 무슨 의미인지 모를 때 안

내를 받고 대한법률구조공단을 찾아왔다. 그분들에게 마치 암호를 해독해주는 것처럼 뜻을 설명해줘야 할 때도 있었다. 앞에서 언급한 것처럼 최근 존댓말 판결문을 작성한 판사도 있지만 법원에서 만나는 대부분의 판사들은 국민들에게는 말 붙이기 어려운 존재다.

세상에 나온 두 번째 존댓말 판결문을 받은 원곡법률사무소 유승희 변호사에게 들은 이야기를 통해서도 국민들이 높은 법원 문턱에 느끼는 감정을 확인할 수 있다. [05]

Q. 존댓말 판결문이 반가웠던 이유가 특별히 있나요?

A. 예전에 재판정 방청 중 목격했던 장면이 하나 떠오릅니다. 소액 사건이었는데 원고와 피고, 각 당사자가 출석했고, 재판정에서 서로를 향해 소리치며 비난하는 상황이었습니다.

구체적인 사실관계는 알 수 없으나 재판정에서 서로를 대하는 태도를 보았을 때 법적인 문제를 떠나 서로에게 감정의 골이 깊은 상태라는 것은 한눈에 알 수 있었습니다. 재판장이 당사자들을 진정시키고, 부족한 부분을 지시하며 재판을 끝내자 당사자들은 자리에서 돌아 나왔습니다.

그 순간 놀라운 일이 벌어졌습니다. 재판정에서 물러나는 원고와 피고가 서로 "방금 판사님이 무슨 얘기를 했냐?", "너는 뭐라고 들었냐?"며 진지하게 의

논을 하기 시작한 것이죠. "무슨 말씀인지 다시 한번 말해주기 바란다. 내용을 제대로 이해하지 못했다"고 했다면 재판장이 간략하게 내용을 알려줬을 텐데, 재판장에게 묻는 것이 어려워 결국 원수나 다름없는 상대방과 재판 내용을 의논하는 것이었습니다.

법원은 국민을 상대로 다양한 사법 서비스를 제공하고, 과거에 비해 법률 서비스의 문턱이 낮아진 것은 사실이나, 여전히 국민에게 재판부는 원수보다 먼 사이인 것입니다. 재판부가 친근할 필요는 없으나, 최소한 당사자들이 법률 서비스를 제대로 받을 수 있을 정도의 사이는 되어야 한다고 생각합니다.

높고도 높은 문턱을 법원 판사에게서만 느끼는 것은 아니다. 내가 개업 변호사로 사무 직원 없이 2012년부터 2017년까지 6년 동안 변호사 사무실의 모든 업무를 맡아 진행하면서 접한 법원 직원들은 너무 냉랭했다. 대한법률구조공단 소속 변호사 시절에는 사무 보조 직원들이 챙겨야 할 일을 직접 하다 보니 잘못 처리하는 경우가 종종 있었다. 소장을 제출하며 인지대를 잘못 계산해서 납부하는 일도 있었는데, 이 부분을 보완하라는 '보정 명령서'를 서면으로 받을 때가 많았다. 그런데 가끔 서면이 아닌 전화로 잘못을 지적하는 경우도 있었다. 한번은 법원 담당 공무원이 전화를 걸어 "소장을 제출하면서 인지대를 제대로 납부해야지, 기본도 안 되어 있네요"라는 식으로 이야기하는 게 아닌가?

조용히 듣다가 너무 화가 나서 "우리가 실수를 하거나 잘못을 해서 보완할 것이 있으면 서면으로 보정 명령을 보내면 될 것이지 전화로 이렇게 이야기할 이유가 있냐"며 항의했더니, 담당 공무원은 오히려 화를 내며 변호사와 직접 이야기하겠다고 했다. 그래서 "제가 최정규 변호사입니다"라고 했더니 태도가 백팔십도 바뀌면서 "네? 변호사님이었어요? 저는 변호사님인 줄 모르고…"라고 이야기하는 게 아닌가? 변호사가 아니면 이런 소리를 들어도 된다는 말인가?

변호사 사무실도 장래에 받을 불이익이 염려되어 공식적으로 민원을 제기하기 어려우니 국민들이 직접 문제를 삼는 데는 상당한 용기가 필요할 것이다. 이렇게 모두 눈을 감다 보니 법원의 행정은 다른 행정 서비스에 비해 상당히 후진적이다. 두 가지 사례를 더 들어보겠다.

먼저, 해당 재판부에 궁금한 점이 있어 문의할 경우 그 절차가 매우 불편하다. 보통 행정부는 국민권익위원회가 운영하는 국민신문고로 민원을 제기하면 담당 공무원을 통해 문서 또는 전자로 답을 받을 수 있는 체계를 갖추어놓고 있다. 그런데 법원은 그런 체계가 없고 오직 유선상으로 재판 실무를 담당하는 직원에게 물어봐야 한다. 그런데 그게 먹통일 때가 많다. 특히 해당 재판부가 재판을 진행하는 날이면 재판 실무를 담당하는 직원과 연락이 전혀 되지 않는다. 전화를 걸면 "오늘 해당 재판부가 재판을 하는 관계로 전화를 받을 수 없다"는 멘트가 들린다. 결국 대부분의 재판부는 일주일에 두 번

정도 기일을 진행하니 주 5일 중 3일만 소통할 수 있다.

재판기일에 담당 재판부 직원이 참석하기에 불가피한 일이라고 생각할 수 있지만, 국민들과 원활하게 소통하기 위해 새로운 인력을 확보해야 하지 않을까? 아니면 국민신문고처럼 국민들이 질문을 남기고 답을 받는 체계를 갖추거나 최소한 재판부 이메일을 통해 소통하도록 해야 하지 않을까? 재판기일에 공무원 2명이 재판에 참여하게 하지 말고 그중 1명은 국민에게 응대하는 역할을 맡게 하면 어떨까?

재판기일에 공무원 2명이 재판에 참여하도록 하는 데 의문을 제기하고 글을 쓴 적이 있다.

법원에서 사진을 찍지 못하게 하는 이유(?)

2015. 8. 26

오랜만에 재판에 참석하기 위해 방문한 서울가정법원.

대한변협법률구조재단의 지원을 받아 북한 이탈 주민에 대한 법률구조의 일환으로 진행되는 사건.

북한 이탈 주민이 북한에 있는 배우자를 상대로 진행하는 사건인데, 동일한 시간대에 공시송달로 진행하는 사건이 무더기로 잡혀 있다.

변론조서에 기재할 내용이 특별히 없어 메모할 내용이 없다면 아예 실무관만 참석해 판사를 돕게 하면 나을 텐데···. 판사와 함께 법복을 입고 앉아 있는 참여관(계장님)은 내가 재판 대기하는 20분 내내 졸고 계신다.

아, 인증숏을 찍고 싶은데···

법정에서 사진을 못 찍게 하는 이유가 이 때문일까?

2009년 독일 뮌헨 법정을 방문할 기회가 있었다. 재판정마다 조금씩 달랐지만, 어떤 재판정은 판사가 직접 법정 문을 열고 혼자 재판을 진행하는 모습이 상당히 인상적이었다. 판사는 보이스 레코더 같은 걸 가지고 있었는데, 말하는 순서에 따라 그 기계를 원고 소송대리인과 피고 소송대리인에게 법대에서 내려와 전달하면 그 기계에 대고 말을 하는 식이었다. 공무원 2명이 재판에 참여하고 법대에 앉아 있는 판사를 아래에서 보조하는 모습에 익숙한 나로서는 그런 모습이 매우 신선했다.

재판이 시작되면 판사 이외 공무원 2명이 참여하는데, 굳이 이 인력이 재판을 보조해야 하는 이유가 있는지 모르겠다. 어차피 재판은 판사가 하고, 참여하는 법원 공무원 중 1명은 변론조서를 정리하고, 1명은 사건 진행 시 기록을 올리거나 변호인 또는 소송대리인이 제출하는 문서를 수령해 판사에게 전달하는 극히 제한적인 역할만 맡는데 말이다. 법정에서 나온 말을 모두 녹음하는 제도를 실시한다면 2명 중 1명만 참여해도 무리가 없을 듯하다. 그리고 판사가 직접 법대를 오르내리며 관련 사건 기록을 챙길 수도 있을 것이다.

법대가 그렇게 높아 국민들이 판사를 우러러봐야 하는 거냐는 목소리가 있다. 실제 많이 낮아지긴 했지만 판사들이 기록을 챙기기 위해 직접 법대를 오르락내리락하면 법대를 아예 평평하게 만들자는 목소리가 나오지 않을까? 법대와 법대 위에 앉은 판사를 보조하기 위한 2명의 인력은 의도와는 상관없이 국민 위에 군림하려는 법원의 권위주의를 상징하는 듯 보여 국민들을 불편하게 한다.

점심시간, 불 꺼지는 민원실

사법연수원 1년 차이던 2001년 여름, 1학기 시험을 마치고 모든 연수생이 2주간 법률 상담 봉사를 떠났다. 전 세계를 누비는 거창한 프로그램은 아니었지만, 그 당시 연수생들은 나름의 사명을 가지고 봉사에 임했다.

나에게 배정된 임지는 서울 서부 지역에 위치한 영등포등기소였다. 지금은 서울 지역 각 법원에 등기국을 두고 있지만, 당시만 해도 등기소 중에는 법원 근처에 따로 등기국을 설치한 곳이 많았다.

2주 동안 등기소 민원실에서 국민들에게 제공하는 법원 서비스를 직접 경험했는데, 아쉬운 점이 많았다. 그중 가장 기억에 남는 것은 매일 오전 11시 55분이 되면 연출되는 광경이다.

"지금 점심시간이니 1시에 오세요!"
"이 서류 하나만 접수하면 되는데요."
"못 들으셨어요? 지금 점심시간이니 1시에 오세요!"
"네."

점심시간인 12시 전에 용무를 보기 위해 헐레벌떡 뛰어온 민원인들. 점심시간 시작 5분 전에 도착했음에도 1시간 이상 기다려야 했던 법원등기소 민원실의 불편하고 부당한 서비스. 20년이 지났지만 점심시간에 법원 민원실의 불이 꺼지는 것은 크게 달라지지 않은 듯하다.[06]

다른 관공서 민원실은 공무원들이 교대로 점심 식사를 하면서 기본적인 민원 서비스를 중단하지 않고 제공하는 반면, 법원 민원실은 그렇지 않아 점심시간을 활용해 법원을 방문해야 하는 국민들에게 불편을 초래한다는 지적이 많다.

2015년에 내가 법원(수원지방법원 안산지원)에서 직접 경험한 내용을 블로그에 올린 적이 있다. 누적 조회 수는 1만 7,673회(2020. 12. 16 기준)로, 5년 전에 올린 글이지만 지금도 매월 50회 정도의 조회 수를 기록한다. 이런 글을 누군가 꾸준히 검색해서 읽는 걸 보면 점심시간 법원 민원실 운영에 대한 통일된 기준이 없는 듯하다.

'법원 민원실의 점심시간은?'이라는 제목의 글은 다음과 같이 시작한다.[07]

법원 민원실의 점심시간은?

2015. 5. 20

"밥 먹을 때는 개도 안 건드린다"는 이야기가 있어 이런 글은 자제하려고 했는데….

현재 관공서 민원실 중 점심시간에 업무에 완전 공백이 있는 곳은 '법원'밖에 없는 것 같다(바로 옆 검찰청도, 법원 안에 있는 우체국도 제한된 인력으로라도 민원 업무는 계속한다).

서류도 접수해야 하고 발급받아야 할 서류도 있고 해서 점심시간에 법원 앞에 와 점심을 먹고 법원 민원실에 도착한 시간은 12시 40분. 12시 59분이 되었지만 민원실 자리에는 어느 직원도 보이지 않는다.

1시가 다 되어서야 두세 명이 들어오더니 업무가 시작되었지만 5분쯤 되어야 자리가 다 찼다. 민원실 직원이 10명은 넘는 안산지원 규모라면 점심시간을 2교대로 운영할 수는 없을까? 안산지원 우체국은 점심시간인 12시 49분에도 가동 중이다!

　　법원에 대한 비판은 자칫 사법부의 독립권을 침해할 수 있다는 생각에 주저하게 된다. 그러나 사법부의 독립권은 국민을 위한 것이지 법관 스스로를 위한 것이 아니다. 또 우리가 존중해야 할 건 사법부가 선고하는 판결이지 불편하고 부당한 서비스가 아닐 것이다. 법원에서 선고하는 판결은 존중받아야 한다. 그러나 국민들을 향한 법원의 불편하고 부당한 서비스는 비난받아야 한다. 높디높은 법원 문턱이 다 사라져 국민들이 지금보다 더 쉽고 편안하게 접근할 수 있는 날이 하루빨리 오기를 희망해본다.

법원에 계류 중인 사건을 판단하는 주체인 법원이 재판 당사자에게 필요한 법률구조를 결정한다는 것이 오히려 재판의 공정성을 해칠지 모른다.

소송구조 제도 운영,
이대로 괜찮을까?

너무 더딘 소송구조 결정

몇 년 전부터 응급 의료, 특히 중증 외상 환자에 대한 응급 구조에 대한 관심이 높다. 신속한 응급 치료가 필요한 중증 외상 환자에게 적절한 조치를 하기 위해서는 지금보다 더 튼실한 권역별 외상 센터를 설치해야 한다는 의견이 제시되었다. 의료 분야에서는 1989년 전 국민 의료보험 시대가 도래한 이후 민영화 논란이 일부 있었지만 이렇듯 공공성을 강조하는 방향으로 논의가 이어지고 있다.

　법률구조는 어떨까? 누구나 아플 수 있는 것처럼 누구나 한 번쯤은 법률적 문제를 겪는데, 돈이 있는 사람은 변호사의 법률 서비스를 디딤돌 삼아 그 문제를 해결하고, 돈이 없는 사람에게는 그 문제가 인생의 걸림돌로 남는다면 과연 법이 제대로 작동하는 국가라고 할 수 있을까?

현재 법률구조가 필요한 국민들에게 국가 차원에서 제공하는 법률 제도는 두 가지다. 법률구조법에 의해 설치한 대한법률구조공단을 통한 법률구조와 법원을 통한 국선변호인 및 소송구조 제도. 법원에서 운영하는 소송구조 제도는 민사·가사·행정소송에 모두 적용되는데, 다른 법률구조와 구별해 '법원소송 구조'라 부른다.

가정 폭력 등에 시달려 배우자와 이혼하기를 원하는 북한 이탈 주민 여성이 하나센터를 통해 우리 사무실을 찾았다. 그분은 두 아이를 혼자 키우고 있었기에 재판 비용을 부담하기 어려웠다. 그래서 우리는 법원 소송구조 신청을 안내했고, 당사자는 법원에 소송구조 신청서를 접수했다. 그런데 어느 날 그분이 8개월째 아무런 소식도 받지 못했는데 갑자기 이런 걸 받았다며 결정문을 손에 쥐고 헐레벌떡 달려왔다. 그 결정문에는 딱 한 줄짜리 주문과 딱 한 줄짜리 이유가 달려 있었다.

주문

이 사건 신청을 기각한다.

이유

이 사건 신청은 이유 없으므로 주문과 같이 결정한다.

판결과 달리 결정에는 이유를 자세히 기재하지 않는 것이 법원의 관행이라 하더라도, 변호사 보수 등 소송비용을 마련할 수 없어 소송구조 신청을 한 사람에게 그 이유조차 제대로 알려주지 않고 소송구조 기각 결정을 선고하는 것은 과연 옳은지 의문이 들었다.

소송법상 법률구조가 의료법상 응급 구조에 필요한 '신속성'에는 미치지 못하더라도, 민사소송법상 소송구조 요건에 맞는지 여부를 8개월이나 심사한다는 것은 신청 결과를 기다리는 당사자에게는 납득하기 어려운 일이 아닐까?

당사자는 이 소송구조 결정에 대해 항고했고, 항고심에서 다행히 1심의 잘못된 소송구조 결정을 바로잡았지만 결국 소송구조를 받는 데만 1년을 허비했다. 그 기간에 양육비도 제대로 받지 못한 채 두

2016. 3. 25	소송구조 신청서 접수	수원지방법원 안산지원 (2016즈기10031호)
2016. 11. 1	소송구조 기각 결정	결정 이유 "이 사건 신청은 이유 없으므로 주문과 같이 결정한다."
2016. 11. 5	즉시 항고장 제출	수원지방법원(2016브171)
2017. 3. 10	소송구조 결정 (변호사 보수, 인지대, 송달료)	결정 이유 "이 사건 기록에 의하면 신청인에게 변호사 보수, 인지대, 송달료를 지출할 자금 능력이 부족하다고 인정된다. 따라서 이와 결론을 달리하는 제1심 결정은 부당하므로 이를 취소하고, 신청인의 소송구조 신청을 받아들이기로 하여 주문과 같이 결정한다."

아이를 홀로 키우던 북한 이탈 주민은 겨울철 난방비가 부족해 주위 사람들에게 돈을 빌려야 하는 어려움에 처했다.

억대 연봉자를 구조해준다고?

소송구조를 신청하는 당사자는 소송비용을 지출할 능력이 없다는 점 등 구조 사유를 소명해야 하며, 법원은 재산 관계 진술서 양식을 마련해 신청인에게 기재하도록 하고 있다. 그런데 억대 연봉자에 대해 소송구조 결정을 해주었다고 문제를 제기한 사람을 만난 적이 있다. 다음 표는 이 사건에서 상대방 당사자가 소송구조 신청 시 함께 제출한 재산 관계 진술서 중 일부다.

재산 관계 진술서에는 월수입과 수급권자 여부, 신청인의 주거 관련 전세 보증금 액수, 신청인과 가족들이 보유한 재산 내역 등에

신청인의 월수입	금액	
	내역	
수급권자 여부	□ 국민기초생활보장법상의 수급권자임 □ 수급권자 아님	
신청인의 주거	형태	아파트, 단독주택, 다가구주택, 연립주택, 다세대주택 기타( )
	소유관계	신청인 또는 가족 소유 (소유자:) 임대차(전세, 월세: 보증금 원, 월세 원) 기타( )
신청인과 가족들이 보유한 재산내역	부동산	
	예금	
	자동차	
	연금	
	기타	

신청인이 법원에 제출한 '재산 관계 진술서' 해당 부분

대한 기재를 전부 누락했다. 그렇지만 재판부는 보완을 명하지 않고 그대로 소송구조 결정을 내린 것이다.

이 소송구조 결정을 그대로 내버려두어서는 안 된다는 생각에 당사자는 소송구조를 취소해달라고 신청했고, 이 과정을 통해 상대방 연봉이 1억 원 이상임이 확인되었다. 그렇다면 즉각 소송구조 취소 결정을 내렸어야 하는 것이 아닐까? 그런데 재판부는 자신들의 잘못을 감추려고 했는지 소송구조 취소 결정을 1년 이상 미루었다.

2014. 7. 9	소송구조 신청서 접수	수원지방법원 안산지원 2014카구99 (소송구조 재산 관계 진술서 월수입란 공란으로 제출)
2014. 7. 24	소송구조 결정 (변호사 보수)	결정 이유 "이 사건 기록에 의하면 신청인에게 소송비용을 지출할 자금 능력이 부족하다고 인정되므로 이 사건 신청은 위 범위 내에서 이유가 있으므로 민사소송법 제128조에 의하여 주문과 같이 결정한다."
2014. 11. 11	소송구조 취소 신청	수원지방법원 안산지원 2014카구50003
2014. 12. 16	과세 정보 회신	2013 귀속 총 급여 108,211,556원 확인
2015. 8. 17	본안 사건 판결	수원지방법원 2013가단45761 사건
2016. 2. 29	소송구조 취소 결정	결정 주문 "이 법원 2013가단45761 대여금 사건에 관하여 피신청인에게 변호사 보수에 대하여 소송구조를 결정한 이 법원 2014카구99 소송구조 사건의 2014. 7. 24자 소송구조 결정을 취소한다."

결국 본안 재판이 다 끝나고 나서야 소송구조 취소 신청 취하 여부를 당사자에게 다시 물어왔다. 당사자가 취하할 생각이 없으니 빨리 결정해달라고 재촉한 후에야 소송구조 취소 결정을 했다.

소송구조, 예산은 남는데 건수는 계속 줄어든다

소송 당사자가 법원에 낸 소송구조 신청 건수는 2015년부터 2019년까지 4년 연속 줄어든 것으로 나타났다. 2015년 1만 4,959건이던 소송구조 신청 건수는 1만 4,544건(2016년), 1만 2,004건(2017년), 1만 1,562건(2018년)으로 매해 감소했다. 법원이 소송구조 신청을 받아들이는 '인용률'도 55.2%에 그쳤다는 사실이 2019년 국정감사 때 확인되었다.

신청 건수가 줄다 보니 한 해 40억~60억 원인 소송구조 예산은 해마다 남는다. 2017년 예산이 부족한 탓에 소송구조 결정이 적극적으로 이루어지지 않는다는 지적이 나온 뒤 2019년 대폭 예산이 늘었지만, 16억여 원(27.6%)이 남았다.

법원 소송구조 제도를 통해 소송구조 변호사에게 지급할 기본 보수액은 2007년 11월 1일부터 2016년 12월 31일까지는 100만 원이었고, 소송구조 예산 부족을 이유로 2017년 일시적으로 감액해 80만 원으로 운용해왔다. 그런데 2017년 12월 28일 소송구조 제도의 운영에 관한 예규(재일 2002-2)가 개정되어 2018년 1월 1일부터는 종전 100만 원으로 상향 조정되었다. 최대로 받을 수 있는 돈은 150만 원이다.

의료 소송 등 복잡한 사건에 대해 소송구조 결정을 받아도 그걸 맡아줄 변호사를 찾지 못하는 경우가 많다는 이야기도 있다. 사건에 따라 변호사 보수 또한 현실화되어야 하지 않을까?

소송구조는 우리가 해주었는데, 왜 조정을 받아들이지 않나요?

법원 소송구조는 법률구조가 필요한 국민에게 제공하는 국가 차원의 서비스지, 사건을 다루는 해당 재판부의 시혜적 조치가 아니다. 그런데 최근 장애인 학대 피해자가 가해자를 상대로 진행하는 소송에서 학대 피해자 대리인인 우리에게 재판부가 이런 말을 했다.

"강제조정에 이의하셨죠? 시민 단체의 의견이 반영된 것인가요? 소송구조는 우리가 해주었는데 왜 시민 단체의 의견만 적극적으로 반영되는 것인지요?"

강제조정 이의는 시민 단체의 의견이 아니라 피해자들의 의사를 반영한 결과라고 재판부의 강제조정에 이의를 제기한 이유를 설명했지만, 재판부에서 한 말이 계속 머릿속에 남았다. 소송구조는 법원의 편의를 위한 제도가 아니다. 응급 의료 구조가 생명과 직결되는 것과 같이 소송구조 제도 또한 자신의 권리와 인간으로서 존엄성을 보장받을 수 있는지 여부가 결정되는 제도다. 그런데 앞에서 언급한 사례를 볼 때 법원이 이 제도를 국민을 위해 엄중하게 운영하고 있는지 의문이 든다.

현재 우리나라에서 운영하는 법률구조 제도의 큰 축을 담당하는 국선변호인 제도와 소송구조 제도를 법원에 맡겨두는 것이 적절한지에 대한 문제 제기도 있다. 법원에 계류 중인 사건을 판단하는 주체인 법원이 재판 당사자에게 필요한 법률구조를 결정하는 것이 오히려 재판 공정성에 의문을 제기할 여지를 준다.

변호사 도움 없이 나 홀로 소송을 하는데, 재판부가 역시 혼자 소송하는 상대방에게만 소송구조를 해준다면 판사가 상대방 편을 들어주는 것처럼 비칠 수 있기 때문이다.

국선변호인 제도의 운영 주체를 법원에서 다른 국가기관으로 옮겨야 한다는 의견은 2006년 사법제도개혁추진위원회에서부터 제기해왔다. 2009년에는 국선변호인에 대한 관리 감독 권한을 사법부가 행사함에 따라 국선변호인들이 피고인의 이익보다 재판부의 편의를 위해 변론할 우려가 크다는 이유로 국선변호인 운영 체계를 바꿔 퍼블릭 디펜더(public defender, 형사 공공 변호인 제도)를 새롭게 구상해야 한다는 주장이 검찰에서도 나왔다. [08]

법무부는 2021년 주요 업무 추진 계획을 발표하며 법원과 대한

법률구조공단 등에 산재된 대국민 법률 지원 사업을 통합하겠다는 입장을 밝혔다.[09]

지금껏 법원에 맡겨둔 국선변호인 제도 및 소송구조 제도가 제대로 운영되는지 검토하고, 운영 주체를 다른 국가기관으로 옮기는 방안을 포함해 국민을 위한 제도가 되도록 하는 진지한 논의가 필요하다.

패소한 이유가 통째로 생략된 판결문,
이유 같지 않은 이유가 버젓이 기록된 판결문,
특정 판례 문구를 기계처럼 붙여넣기 한 판결문….
지금도 법정에서는 이런 '불량 판결문'이 꽤 자주 탄생하고 있다.
온갖 억울함과 부당함을 호소할 마지막 관문인 법원에서
계속 이런 일이 발생한다면, 과연 우리는 법원을 신뢰할 수 있을까?

3장

상식에
맞지 않는
불량 판결문

'제출한 증거만으로 주장하는 사실을 인정하기에 부족하다'는 기재는 판결 이유로 충분할까? 이런 판결문으로 당사자를 설득할 수 있을까?

이유를 알 수 없는
판결문

[주문]

원고의 청구를 기각한다.

소송비용은 원고가 부담한다.

[청구 취지]

피고는 원고에게 23,359,200원 및 이에 대한 이 사건 소장부본 송달 다음 날부터 다 갚는 날까지 연 15% 비율로 계산한 돈을 지급하라.

소액 사건 판결 이유 생략

최근 우리 사무실에 어떤 분이 이런 판결문을 가지고 찾아왔다. 치과 진료를 받다가 의료 사고를 당했는데, 2년 넘게 소송을 했지만 졌다고 한다. 그런데 이분이 화가 나는 건 판결문을 통해서는 소송에서 진 이유를 알 수 없다는 사실이었다. 이분이 가지고 온 판결문은 달랑 두 장이었다. 사건명, 원고, 피고 표시 등을 제외하면 사실상 딱 앞에 쓴 대로 여섯 줄이었다. 한마디로 '청구를 기각한다. 그러니 소송비용을 부담하라'가 끝인 판결문.

거짓말 같았던 이분의 이야기가 사실이라는 것을 확인하는 데

사건 번호 : 수원지방법원 안산지원 2017가소**
기본 내용**

사건 번호	2017가소****	사건명	[전자] 손해배상 (의)
원고	안**	피고	류**
재판부	민사소액12단독		
접수일	2017.2.28	종국 결과	2019.10.24 원고 패
원고 소가	23,359,200원	피고 소가	
수리 구분	제소	병합 구분	없음
상소인		상소일	
상소 각하일		보존 여부	기록 보존됨
인지액	110,100원		
송달료, 보관금 종결에 따른 잔액 조회		잔액 조회	
판결 도달일		확정일	2019.11.9

많은 시간이 필요하지 않았다. '대법원 나의 사건 검색'이라는 법원 운영 사이트를 통해 이분이 2017년 2월 28일 소송을 제기해 재판을 시작했다는 것과 2019년 10월 24일 판결 선고가 이루어진 것을 바로 확인할 수 있었다.

판결문을 뚫어지게 보고 있자니 '주문'의 세 가지 의미가 순식간에 스쳐 지나갔다.

주문 主文

1. 명사: [법률] 판결의 결론 부분. 민사소송에서는 청구의 적부(適否) 및 당부(當否)에 대한 판단·소송비용·가집행 선고 따위가 실리고, 형사소송에서는 공소 기각·면소·무죄·형의 선고 및 소송비용 따위가 표시된다. 선고할 때 이 부분은 반드시 낭독해야 한다.
2. 명사 [언어]: 복합문에서 주가 되는 부분.

주문 呪文

1. 명사: [민속] 음양가나 점술에 정통한 사람이 술법을 부리거나 귀신을 쫓을 때 외는 글귀.
2. 명사: [불교] 다라니의 글.

주문 注文

1. 명사: 어떤 상품을 만들거나 파는 사람에게 그 상품의 생산이나 수송, 또는

서비스의 제공을 요구하거나 청구함. 또는 그 요구나 청구.

2. 명사: 다른 사람에게 어떤 일을 하도록 요구하거나 부탁함. 또는 그 요구나 부탁.

억울한 국민들이 억울함을 제대로 헤아려달라며 법원에 신청한 주문(注文)에 대해 판사는 성의 없이 주문(主文)만 기재하고 그 이유를 기재하지 않는 판결문을 내놓았다.

'마법과 같은 주문(呪文)을 외우면 판결 이유가 나오는 것일까? 혹시 판결문 끝에 있는 문구가 마법과 같은 주문(呪文)이 아닐까?' 하는 생각에 당사자는 이 말의 의미를 물어오셨다. 판결문 끝에는 이렇게 적혀 있다.

소액 사건의 판결서에서는 소액사건심판법 제11조의 2 제3항에 따라 이유를 기재하지 아니할 수 있습니다.

이 말은 '당신이 제기한 소송 금액이 3,000만 원이 넘지 않기에 소액 사건으로 분류되었고, 소액사건심판법상 소송 금액이 3,000만 원을 넘지 않는 소액 사건은 그 이유를 기재하지 않을 수 있다고 규정하므로 판결문에 판결 이유를 기재하지 않았다'는 뜻이다. 그대로 설명해드렸더니 의뢰인은 한참 화를 내셨다.

"왜 제 사건이 소액 사건이죠? 제가 청구한 2,400만 원은 제 전 재산보다 많은 돈인데요."

이 문구는 판결 이유를 알려주는 주문(主文)이 아니라, 화를 부르는 주문(呪文)이었을까? 한참 동안 화를 내고 돌아서며 그분은 이런 말을 남겼다.

"왜 졌는지 이유를 알아야 항소를 할지 말지 결정할 게 아니에요?"

결국 그분은 항소를 포기했고, 억울함을 해결해달라는 주문(注文)은 응답받지 못했다.

청구 금액이 상대적으로 작은 사건에 소액 사건이라는 딱지를 붙인 건 1973년 소액사건심판법이 제정되면서부터다. 처음 법을 제정할 당시 20만 원을 초과하지 않는 사건으로 시작한 소액 사건의 범위는 1980년부터는 법률이 아닌 대법원 규칙으로 바뀌었고, 이후 대법원이 범위를 넓혀 2017년에는 3,000만 원에 이르렀다. 그리고 소액 사건의 경우 판결 이유를 생략할 수 있는 제도는 1981년부터 시행되어 지금에 이른다.

사법부가 제한된 인력으로 각종 소송을 능률적으로 처리하기 위해 이러한 조치를 취하는 건 어쩔 수 없는 것일 수도 있다. 그런데 청구 금액의 규모만을 기준 삼아 판결 이유 기재를 생략 가능하도록 한 것은 당사자의 권리구제를 등한시한 것이 아니냐는 비판의 목소리가 나온다.

2020년 법원이 발표한 자료(〈사법 연감〉)를 보면 2019년 전국 법원에 접수된 민사소송은 94만 9,603건이고 그중 소액 사건은 68만 1,576건이다. 즉 소액 사건이 무려 71.7%를 차지한다(2019년 법원이 발표한 자료를 보면 2018년 전국 법원에 접수된 민사소송은 95만 9,270건이고 그중 소액 사건은 70만 8,760건으로 무려 73.9%를 차지한다). 일반인이 생활에서 겪는 대부분의 사건에 소액 사건이라는 딱지를 붙여 사건 처리 능률을 높이겠다는 발상은 재고해야 하는 것이 아닐까? 사건 처리 능률을 높이기 위해 청구 금액에 따른 기준을 정하는 것이 과연 당연한 것일까?

빌려준 3억 원을 받지 못해 그 돈을 달라고 요구하는 대여금 소송은 그리 복잡한 싸움이 아니더라도 무조건 1심부터 판사 3명으로 구성된 합의부 재판을 받고 구체적인 이유를 확인할 수 있는 판결문을 제공한다. 반면 의료 과실로 입은 피해에 대해 2,000만 원을 배상해달라고 하는 복잡한 의료소송은 청구 금액이 3,000만 원을 초과하지 않는다는 이유로 소액 사건으로 분류되고, 이유도 적혀 있지 않은 판결문을 제공한다. 이걸 납득할 국민이 있을까?

2018년 근로자 상위 40~50%의 연봉 평균이 2,864만 원이다. 자신의 연봉에 해당하는 금액에 '소액'이라는 딱지를 붙여 이런 불친절한 서비스를 제공하는 걸 언제까지 참아야 할까?

일단 대법원이 단순히 규칙을 변경해 소액 사건 범위를 결정하는 것부터 중단시키고, 처음 법이 시행되었을 때처럼 법률로 그 범위를 정하도록 하고 다시 신중하게 검토해 법을 개정할 필요가 있다. 또 소액 사건의 범위를 단순히 청구 금액에 따라 결정하는 것이 옳은지, 사건 처리 능률을 높이기 위해 1973년 등장한 소액 사건이라는 명칭이 옳은지부터 따져봐야 할 것이다.

이유 같지 않은 이유가 적혀 있는 판결문

문제는 여기서 끝나지 않는다. 소액 사건이 아니어서 판결 이유가 기재되었다 하더라도 판결 이유를 알 수 없는 판결문을 볼 때마다 컴퓨터에 고이 간직하는 습관이 생겼다. '불량 판결문'이라는 폴더 안에 있는 판결문 하나를 공개해본다.

이유

1. 본소 청구에 관하여

　가. 원고의 청구 원인: 별지 긱 청구 원인 기새(4 내시 8쪽)와 같다.

　나. 판단

　살피건대, 갑2, 10호증의 각 기재 등에 비추어 원고가 제출한 증거들만으로는 원고의 위 청구 원인 사실을 인정하기에 부족하고 달리 이를 인정할 증거가 없으므로, 원고의 위 주장은 이유 없다.

2. 반소 청구에 관하여

가. 피고의 청구 원인: 별지 기재(9 내지 12쪽)와 같다.

나. 판단

살피건대, 갑1 내지 11호증(가지번호 포함)의 각 기재 등에 비추어 피고가 제출한 증거들만으로는 피고의 위 청구 원인 사실을 인정하기에 부족하고 달리 이를 인정할 증거가 없으므로, 피고의 위 주장은 이유 없다.

3. 결론

따라서, 원고의 본소 청구는 이유 없고, 피고의 반소 청구도 이유 없다.

이 판결문을 읽고 동일한 문구가 반복되는 시가 떠올랐다.

산에는 꽃 피네

꽃이 피네

갈 봄 여름 없이

꽃이 피네

산에

산에

피는 꽃은

저만치 혼자서 피어 있네

산에서 우는 작은 새여

꽃이 좋아

산에서

사노라네

산에는 꽃 지네

꽃이 지네

갈 봄 여름 없이

꽃이 지네

김소월, '산유화'

비슷한 내용의 구절이나 문장을 반복적으로 배치하는 기법을 수미상관법이라고 한다.

시, 소설, 수필, 영화 등 다양한 장르에서 활용하는 이 수미상관법을 판결문에도 적용한 것일까?

제출한 증거만으로는 청구 원인 사실을 인정하기 부족하고, 달리 이를 인정할 증거가 없으므로 위 주장은 이유 없다.

이 문장이 반복되는 판결문을 자주 볼 수 있다. 그러나 이 문장만 반복되어 있고 다른 내용을 기재하지 않은 판결문을 보니, 수미상 관법을 판결문에 적용하는 건 감동이 아니라 화를 부르는 게 아닐까 하는 생각이 들었다. 어떤 판단에는 일정한 논증이 따른다. 판결문에 포함된 판단에는 법관의 치열한 논증 과정이 담겨 있어야 한다. 그래야 그 판결문을 읽는 사람이 설득당한다. 그런데 '제출한 증거만으로 청구 원인 사실을 인정하기 부족하다'는 문구만 있을 뿐, 청구 원인 사실을 인정하려면 어떤 것이 필요한지, 그리고 원고가 제출한 증거만으로는 부족한 이유는 무엇인지 설명은 생략한 채 그저 부족하다는 말만 기재된 판결문을 보고 설득당할 사람은 아무도 없다.

실제 위 판결문은 점포상과 노점상이 서로 영업 방해를 당했다고 주장하며 약 2년 동안 치열한 공방을 벌인 사건에서 선고된 것인데, 동일한 문장만 반복되어 있고 다른 내용은 기재되지 않은 불량 판결문을 받은 원고와 피고는 모두 항소했다.

공장 대량생산 라인에서 찍어낸 듯한 판결문, 판결 이유가 적혀 있지만 그 이유를 제대로 알기 어려운 판결문이 쏟아지다 보니 차라리 인공지능(AI) 로봇을 판사로 대체하자는 거친 주장도 나온다.

당사자에게 받은 위로

한번은 IT업계에서 일하다 부당 해고당했다며 찾아온 분과 함께 소송을 진행했는데, 아쉽게도 지고 말았다. 무거운 마음으로 패소 판결문을 보내드렸더니 그분이 밤에 이런 문자메시지를 보냈다.

(오늘) 오후 10:18

변호사님, 많이 힘드시죠.

전 사법부가 이 정도 수준인 줄 몰랐습니다.

판결문은 근거 없는 주장 그 자체네요.

너무 성의가 없네요.

성의라도 있었으면 이렇게 억울하지 않았을 텐데.

어떻게 이리 힘든 일을 하세요.

많이 배웁니다.

감사합니다. 편히 쉬세요.

패소 판결을 받고 화를 내는 분이 몇몇 있었고, 수고했다는 의례적 인사를 하는 경우가 대부분인데, 이렇게 위로를 해주는 분은 처음이었다. 그러니 위로를 받아야 하는 건 내가 아니라 성의 없는 판결문을 받고 항소심에서 계속 싸워야 하는 의뢰인이 아닐까?

우리나라 헌법은 재판받을 권리를 보장한다. 이는 단순히 내 사건을 법정에 가지고 갈 수 있다는 것을 의미하지는 않을 것이다. 판사가 그 사건을 성심성의껏 검토하고, 내 주장이 받아들여지든 아니든 그렇게 판단한 이유가 판결문에 설명되어 있어야 한다.

그런 의미에서 우리는 재판받을 권리를 충분히 보장받고 있을까? 판결 이유를 생략하거나 부실하게 기재한 불량 판결문은 어디서 A/S를 받아야 할까?

02

오늘날 법원의 양형과 판결은 사업주가 더 경제적인 선택을 하는
것을 막을 수 있을까?

내 목숨은 정말
돈보다 위에 있을까?

"…피고인들이 범행을 자백하고 잘못을 반성하는 모습을 보이고 있다. 근로복
지공단에서 피해자의 유족에게 요족급여(필자 추가: 유족급여의 '오타'로 보임. 사
람이 사망한 사건을 다루는 형사사건 판결문에 오타가 있다니 이 사건의 무게를 제대
로 느낀 것인지 의문을 품게 된다.) 및 장의비로 일정 금원이 지급된 것으로 보인
다. 피고인들이 동종 범죄로 형사처벌을 받은 전력이 없다…."

이 내용은 지난해 업무상 과실치사로 기소된 사업주에게 내린 판결
문 중 일부다. 법원은 판결문에서 '피고인들의 주의의무 위반의 정도
가 가볍지 않다'고 명시하고도, 이와 같은 내용을 턱없이 낮은 양형
의 이유로 제시했다.

이게 정말 산재 사망 사건에서 집행유예를 선고할 만큼, 양형 기준 권고형의 하한보다 낮은 형을 선고할 만큼 유리한 사유일까? 본인들이 운영하는 사업장에서 20대 노동자가 죽었는데, 자백과 반성을 하지 않는 사업주가 있을까?

한 사람이 희생해도 바뀌지 않는 노동환경

오늘도 하루에 3명이 출근한 뒤 퇴근을 하지 못하는 일이 일어나고 있다.

내가 산재 사망 사고의 심각성을 알게 된 건, 앞에서(1장 참고) 한 번 언급한 알바 노동자 살해 사건 때문이다. 2016년 12월 16일 지방의 한 편의점에서 일하던 알바 노동자는 야간 근무를 위해 여느 날과 똑같이 출근했지만, 결국 퇴근하지 못했다.

밤에 취객들의 술주정을 받아주면서 편의점 카운터를 지키는 것이 그의 일상이었다. 사건 당일 한 취객과 비닐봉투 값 20원으로 실랑이를 벌인 것도 흔히 있는 일이었지만, 그는 결국 그날 취객이 휘두른 칼에 찔려 사망했다.

알바 노동자가 이런 강력 범죄에 노출되는 건 전국 4만 4,000여 개 편의점에서 하루에 한 번꼴로 일어나는 일이고, 폭력 범죄는 하루에 일곱 번꼴로 일어나고 있다. 우리에게 아주 익숙한 편의점이라는 공간이 강력 범죄나 폭력 범죄 현장이 될 수 있지만, 그 현장을 지키

5년간 편의점에서 벌어진 강력·폭력 범죄(출처 : 경찰청 범죄 통계)

	2015년	2016년	2017년	2018년	2019년
강력 범죄	323	266	306	381	360
폭력 범죄	1,543	1,659	1,614	2,501	2,448

는 알바 노동자의 안전은 관심 밖에 놓인 것이다.

그가 사망한 후 여러 시민 단체가 힘을 모았다. 알바 노동자의 안전을 확보해야 한다고 주장하는 시민대책위원회가 꾸려졌고, 편의점 가맹 본사에 사과와 재발 방지 대책을 요구했다. 그러나 편의점 가맹 본사는 알바 노동자의 죽음을 외면했다. 사망한 노동자는 편의점 사장(가맹점 사업자)과 근로계약을 체결했으니 자신들에게는 법적 책임이 없다며 회피했다.

사망한 피해 노동자가 취객이 휘두른 칼을 피할 수 없었던 것은 바로 계산대 때문이다. 그런데 이 계산대는 편의점 사장이 설치한 것이 아니라 가맹 본사가 설치한 것이다. 여기에 문제의 핵심이 있다. 편의점 사장이 알바 노동자의 안전을 위해 계산대를 개선하고 싶어도 맘대로 할 수 없기 때문이다.

공정거래위원회가 사용을 권장하는 프랜차이즈(편의점업) 표준계약서 제11조에 따르면 점포(시설·인테리어)는 가맹 본부의 부담으로 설치해 제공하도록 되어 있다. 그리고 가맹점 사업자는 가맹 본부의 사전 승인 없이는 인테리어를 변경할 수 없도록 되어 있다. 대부분의 가맹 본사는 이런 내용이 담긴 표준계약서에 따라 가맹점 계약을 체결한다.

제11조 [점포(시설·인테리어)]

① 가맹 본부는 가맹점 사업자의 점포(시설·인테리어)를 가맹 본부가 정한 점포 공사 표준 사양의 범위 내에서 가맹 본부의 부담으로 실시하고, 가맹점 사업자에게 가맹 계약 기간 동안 제공한다.

② 가맹점 사업자는 문서로 가맹 본부의 사전 승인을 얻지 않고서는 가맹 본부가 실시한 시설, 인테리어 등 점포 공사를 변경하거나 점포 공사 표준 사양 외의 추가 공사를 할 수 없다.

시민 단체의 문제 제기 등 여론이 들끓자 가맹 본사는 사건이 발생한 지 5개월 만인 2017년 5월 15일, 업계 최초로 범죄 및 안전사고 예방 기능을 크게 강화한 안심 편의점 매장을 오픈했다며 보도 자료를 냈다.

보도 자료에 담긴 안심 편의점 1호 관련 내용과 사진을 보고 국민들은 환영했고, 더 이상 이런 안타까운 일이 발생하지 않을 것이라 안심했을 것이다.

그러나 당시 시민 단체는 안심 편의점 1호점에 안심할 수 없다며 이런 입장을 냈다.

대피하기 쉽도록 카운터에서 외부로 직접 연결된
'카운터 대피 도어'를 설치하고 사무 공간과 카운터를 일자로 연결했다.
업계 최초로 선보이는 '안전 가드(guard) 시스템'은 위급 상황 시
발판 또는 무선 리모컨을 누르면 2초 이내로 안전 바가 내려와
카운터 정면이 전면 차단돼 근무자를 범죄자에게서 보호한다.

"CU편의점은 이 사건 이후 안전 대책이라며 안심 편의점 1호를 만들고, 경찰청과 협약을 체결했다고 하나, 아직도 1호를 제외한 나머지 9,999개 이상의 CU편의점은 알바 노동자와 가맹점주가 절대 안심할 수 없는 노동환경을 유지하고 있고 언제 그 환경이 개선될지 전혀 알 수 없는 상황이다."

그리고 4년이 지난 지금, 편의점은 여전히 안전하지 않다. 2020년 7월 13일 MBC가 보도한 내용을 보면 알바 노동자 중 50%는 폭언과 폭행을 경험하고 있다. '전자레인지 사용법을 제대로 안 알려줬다고 펄펄 끓는 라면 투척' 같은 일이 계속 발생하고 있다. [10]

그러나 지난 4년 동안 안전한 편의점을 만들기 위한 노력을 기울였다는 소식은 들리지 않는다. 안심 편의점 2호가 생겼다는 소식도 들리지 않는다. 천하보다 귀한 사람의 목숨을 잃고도 변하지 않는 현실을 보며 '산재 공화국'이라는 오명을 벗는 게 그리 쉬운 일이 아님을 실감하게 된다.

1년에 360명이 편의점에서 강력 범죄 피해자가 되는데, 얼마나 더 많은 사람이 희생해야 할까?

점점 복잡해지는 세상의 변화를
따라가지 못하는 법과 판례

편의점에서 이런 안전사고가 끊이지 않는데, 가맹 본사는 4만 4,000개의 안심 편의점이 아니라 단 1개의 안심 편의점만 설치하고 다른 편의점은 위험천만한 잠재적 범죄 현장으로 방치하고 있다. 편의점에서 일하는 가맹주와 알바 노동자의 안전은 자신들이 책임져야 할 영역이 아니라는 가맹 본사의 주장이 법원에서 받아들여지기 때문이다.

세상은 복잡해지고 있다. 과거의 근로자, 사업자라는 패러다임으로는 복잡해진 세상을 모두 담아낼 수 없다. 특히 우리 법과 판례는 더더군다나 복잡해진 세상을 미처 담아내지 못하고 있는 것 같다.

편의점 사장은 가맹 본사와 근로계약이 아닌 가맹점 계약을 체결하고 사업자등록을 낸 엄연한 사업자지만 경제적으로 가맹 본사에 종속된다. 가맹 본사의 방침을 따르지 않으면 가맹점을 유지할 수 없기 때문이다.

가맹 본사의 방침을 따라야 한다고 하니 생각나는 일이 있다. 자주 가는 편의점에 시계가 고장 났는데 몇 달이 지나도 그 시계가 걸려 있어 사장님께 말씀드렸다. 그랬더니 사장님은 본사에 이야기했는데 교체해주지 않는다며 맘대로 교체했다가는 큰일 난다고 했다. 그 시계에는 가맹 본사 로고가 선명하게 새겨져 있었다.

설치된 시계 하나 맘대로 바꾸지 못할 만큼 가맹 본사에 종속된 편의점 사장에 대해 일본에서는 노동조합법상 근로자의 지위를 인정해준다. 덕분에 편의점 사장(가맹점 사업자)들은 노동조합을 결성하고 가맹 본부를 상대로 단체교섭을 신청하는 등 노동조합 활동을 하고 있다.

우리보다 일찍 가맹점 계약의 문제점이 드러난 미국에서도 이런 현실을 반영한 판결이 쏟아지고 있다. 허술한 안전장치를 뚫고 점포에 침입한 강도에게 피해를 입은 종업원이 가맹 본부의 법적책임을 주장한 맥도날드 사건(Martin vs McDonald's Corp. 사건)도 있었다. 법원은 가맹 본부가 안전 상태를 점검한 결과 강도 침입 위험성을 인식하고 안전장치를 개선하라고 권고했다면, 가맹점이 권고대로 개선했는지 확인할 의무가 있다고 봤다. 또 가맹 본부가 가맹점이 자신의 권고대로 안전장치를 개선했는지 확인하지 않았다면 가맹 본부가 주의의무를 위반한 것이 되어, 피해자가 입은 손해에 대해 법적책임을 져야 한다고 판시했다.

그러나 우리나라는 어떠한가? 방문판매원, 화물차주, 택배 노동자 등 특수 고용 노동자의 산재보험 가입이 가능하도록 제도가 개선되었지만, 임의 가입에 머물러 업체가 산재 포기 각서 제출을 강요하는 실정이다. 특수 고용 노동자 문제도 이와 같은데, 편의점 구조에 대한 논의는 아직 제대로 시작도 하지 못하고 있다. 관련 법과 판례가 빠르게 변화하는 세상을 담지 못하는 상황에서 국민과 노동자는 피할 수 없는 위험에 무방비로 노출되어 있다.

대한민국은 산재 공화국,
법원 판결은 괜찮은가?

편의점 사장이나 알바 노동자 문제는 아직 진지한 논의가 이루어지지 않아 법원 판례가 축적되어 있지 않은 만큼 법원을 비판하기는 어렵다. 그러나 일반적으로 일어나는 산재 사건에 대한 법원의 판결을 보면 이런 질문을 하게 된다.

"이렇게 많은 사람들이 일터에서 목숨을 잃는데, 과연 법원은 할 일을 다한 것일까?"

우리는 보통 산재 사망 사고를 막기 위해 사업주가 노동자의 안전을 확보하는 데 최대한 투자할 거라고 기대한다. 하지만 기대와 달리 현실적으로 대부분의 사업주는 '윤리적 선택'이 아니라 '경제적 선택'을 한다. 사망 사고가 발생했을 때 받는 형사처벌의 수준, 민사소송에서 지급해야 할 피해배상액의 규모 등을 고려해 얼마만큼 투자할지 선택하는 것이다.

그럼 먼저 산재 사망 사고가 발생했을 때 사업주가 받는 형사처벌의 수준을 보자. 2018년 인천지방법원에서 선고된 사건(2018고단6359)에서 산업안전보건법 위반, 업무상 과실치사로 기소된 사업주는 징역 6월, 집행유예 2년을, 회사는 벌금 500만 원을 선고받았다. 대법원에서 정한 양형 기준 권고형의 하한보다 낮은 형이다. 특별한 이유가 있었을까? 법원은 판결문에서 '피고인들의 주의의무 위반 정도가 가볍지 않다'고 명시하고도, 다음과 같은 내용을 턱없이 낮은 양형의 이유로 제시했다.

피고인들이 범행을 자백하고 잘못을 반성하는 모습을 보이고 있다. 근로복지공단에서 피해자의 유족에게 유족급여 및 장의비로 일정 금원이 지급된 것으로 보인다. 피고인들이 동종 범죄로 형사처벌을 받은 전력이 없다.

이것이 정말 산재 사망 사건에서 집행유예를 선고할 만큼, 양형 기준 권고형의 하한보다 낮은 형을 선고할 만큼 유리한 사유일까? 본인들이 운영하는 사업장에서 20대의 노동자가 죽었는데, 자백과 반성을 하지 않는 사업주가 있을까? 산재보험은 모든 사업주가 가입해야 할 의무 사항이고, 산재를 통해 유족이 받는 유족급여는 1,300일치 임금에 불과한 최소한의 보상인데, 이것이 왜 유리한 사유로 언급될까? 생명은 단 하나뿐이고 그 생명을 앗아간 사건에서 동종 전과가 없다는 것이 집행유예 판결을 내릴 만큼 유리한 사유일까?

유감스럽게도 이런 판결문은 대한민국에서 특이한 판결문이 아니다. 지난 10년 동안 산재 사망 사고에 대한 책임으로 실형을 선고받은 사람은 0.5%에 불과하다는 것이 이를 말해준다. 현재 산재 사망 사건에 대한 법원의 양형 기준이 사업주로 하여금 어떤 경제적 선택을 하게 만드는지 돌아봐야 할 대목이다.

2019년 12월 이재갑 고용노동부장관은 언론사와 나눈 인터뷰에서 산재 사망 양형 기준이 낮다며 법원에 의견을 낼 것이라고 밝혔다.[11]

1년 후인 2020년 12월 8일, 대법원 양형위원회는 산업안전보건법(산안법) 위반 범죄에 대한 양형 기준안을 새로 마련하겠다고 했고, 드디어 2021년 3월 29일 새로운 양형 기준이 의결되었다. 그러나 기본 양형 기준인 '6월~1년 6월'이 '1년~2년 6월'로 상향 조정된 것뿐으로, 사용자가 산재 발생을 예방하기 위한 설비 투자라는 선택을 하게 될지는 더 지켜봐야 할 것이다.

형사처벌 수준이 그렇다면, 민사상 손해배상 책임은 어떨까? 산재 사망 사건 발생 후 사업주가 부담해야 할 손해배상 액수가 크다면 그런 문제가 발생하지 않도록 사전 예방 노력을 기울일 동기가 될 것이다.

하지만 안타깝게도 법원은 1991년 기준 전국 손해배상전담재판부 재판장회의 논의 결과 산업재해와 교통사고로 인한 손해배상 사건의 위자료 기준을 3,000만 원으로 정한 후 서울중앙지방법원이 2015년 그 기준액을 1억 원으로 정할 때까지, 산재 피해 사망 사고 피해자가 가해자에게 지급받을 수 있는 위자료 액수를 교통사고와 동일시했다.

'사람이 사망했는데 위자료가 10억이 아니라 왜 1억일까?'라는 문제 제기는 차치하고라도, 산업재해와 교통사고의 위자료 기준을 동일시하는 게 과연 적절할까? 교통사고는 일반적으로 계약관계가 없는 상대방 차량 운전자의 과실로 발생하는 '사고'이고, 산재 사건은 피해자와 직접적인 계약관계(고용)에 있는 사업주의 안전 배려 의무 위반으로 발생하는 '사건'인데, 그 정신적 고통에 대해 동일한 기준을 적용하는 것이 타당할까? 세월호 참사를 단순 교통사고에 비유할 수 없는 것과 마찬가지로 산업재해 또한 교통사고와 동일하게 취급하는 것은 옳지 않다.

오늘도 사업주는 두 가지 선택 앞에 놓여 있다. 노동자의 안전을 위한 설비에 투자할 것인가, 아니면 그냥 현재 상태대로 내버려둘 것인가. 사업장에서 노동자가 사망해도 특별한 사정이 없는 한 집행유예 선처를 받을 수 있고, 위자료로 최대 1억 원만 배상해주면 되는 현실에서 사업주가 더 경제적인 선택을 하는 걸 현재 법원의 태도로 막아낼 수 있을까?

양형 이유
우주상에 사람의 생명보다 더 귀중한 것은 있을 수 없다

2014년 11월 26일, 야근을 하다 졸음을 쫓기 위해 대법원 홈페이지에 들어갔다. 게시된 각급 법원의 판결문 중 관심이 있는 죄명(산업안전보건법 위반)이 있어 살펴보던 나는 한 판결문에서 잠이 확 깼다. 울산지방법원 박주영 판사의 2014년 7월 24일 자 판결문이었다.

피고인들에게 법에서 정한 가장 무거운 벌금을 부과하는 이유는, 이 우주상에 사람의 생명보다 더 귀중한 것은 있을 수 없다는 점을 다시 한번 환기하고자 함에 있다.[12]

같은 산재 사망 사건을 일으킨 사업주에 대한 형사처벌 사례에서 어느 판사는 '유족'을 '요족'이라고 오타를 내면서 권고형의 최저한보다 더 낮은 형을 선고했는데, 이 판사는 '우주상에 사람의 생명보다 더 귀중한 것이 있을 수 없다는 점'을 환기하며 가장 무거운 형을 선고했다. 너무 다른 판결이었다.

노동청의 관리 감독이 강화되고 가해자를 더 엄격하게 처벌하는 법이 제정된다고 하더라도 법원의 태도가 바뀌지 않는다면 대한민국은 산재 공화국이라는 오명을 벗어날 수 없을 것이다. 법원은 이제부터라도 피해자 입장에 공감하는 자세가 무엇인지 숙고하고, 국민들과 함께 합리적인 양형 기준과 위자료 기준을 정하기 위해 노력해야 할 것이다.

좋은 판결은 당사자를 비롯한 많은 사람을 위로하는 데 반해 나쁜
판결은 계속 나쁜 영향을 미친다.

불량 판결이
두고두고 미친 영향

"피해자에게 주거와 식사를 제공했고, 병원에서 치료받을 수 있도록 하였으며
피해자를 폭행하는 등의 가혹 행위를 한 적이 없었던 점."

"피고인이 피해자에게 밀린 임금을 대부분 지급함으로써 피해가 상당 부분 회
복된 점."

"이른바 염전 노예 사건이 공론화되어 범법 행위가 근절되기 전에는 피고인이
거주하는 인근 다수의 영세한 염전에서 좀처럼 노동력을 구할 수 없어 범법 행
위가 묵인되어오는 등 이 사건 범행에 이르게 된 경위에 다소 참작할 만한 사유
가 있는 점."

이는 신안군에서 일어난 염전 노예 사건 담당 재판부가 가해자의 형

집행을 유예하기로 하면서 언급한 양형 사유 중 일부다. 이것들이 정말 유리한 사유로 인정해야 하는 것들일까?

신안군 염전 노예 사건

"이 사건에서 승소한 분들뿐만 아니라 당시 염전에 갇혀 있던 수십 명의 피해 장애인분들께 뒤늦게나마 위로가 되었으면 좋겠습니다."

염전 노예 피해자들이 국가를 상대로 제기한 국가배상 소송, 1심에서 패소한 후 서울고등법원에서 진행한 항소심에서 승소 판결 선고를 듣자마자 나눈 인터뷰에서 내가 한 말이다. 좋은 판결은 이렇듯 많은 사람들에게 위로를 줄 수 있다.

2014년 2월 '신안군 염전 노예 사건'이 세상에 알려졌을 때, '21세기 대한민국의 한 섬에서 수십 년 동안 수십 명의 지적장애인이 노예와 같은 삶을 사는 것이 어떻게 가능했을까'라는 의문을 품었다. 경찰청도 염전 주인과 경찰의 유착 관계 등에 대해 감찰을 벌이겠다며 시민감찰위원회까지 열었으나 서면 경고에 그쳤고, 이러한 의문은 묻혀버렸다.

그러나 체계적인 법률 대응을 위해 구성된 공동 대리인단은 피해 장애인들에 대한 개별적인 법률 지원 활동을 통해 그 당시 피해 장애인들을 구호해야 할 경찰 공무원, 근로감독관, 사회복지 공무원이 자신들의 의무를 다하지 않았다는 사실을 파악했고, 2015년 10월, 8명의 피해 장애인을 대리해 지적장애인 노동력 착취를 방치한 국가와 지방자치단체의 법적책임을 묻는 국가배상 소송을 시작했다.

2018년 11월 서울고등법원은 피해 장애인 등 보호와 구호가 필요한 사회적 약자에 대한 국가 및 지방자치단체의 보호 및 구호 의무를 인정하고, 그 의무를 다하지 않았을 때 마땅히 배상 책임을 진다는 것을 확인한 대한민국 최초의 판결을 선고했다.

그러나 신안군 염전 노예 사건과 관련해 법원은 피해 장애인들에게 위로가 될 좋은 판결문만 남긴 것은 아니다.

비상식적인 양형 사유와 집행유예 공식

당시 가해 염전 주인에 대한 형사처벌 절차가 이루어졌다. 대통령까지 나서서 철저한 수사를 요청한 상황에서 전남지방경찰청 광역수사대를 꾸려 진행한 수사 결과 5년 이상 노동력을 착취한 가해 염주는 대부분 구속되어 재판을 받았다. 그러나 폭행, 살인미수 등 다른 범행이 추가된 경우에만 실형이 선고되었고, 나머지 대부분의 가해자는 집행유예 선처를 받았다.

당시 광주지방법원 목포지원에서 선고한 판결문에 적힌 양형 이유는 대부분 다음과 같았다.

장애인 또는 지적 능력이 부족한 사람이라 하여도, 누구나 인간으로서의 존엄과 가치를 존중받으며 그에 걸맞은 대우를 받아야 한다. 이 사건 범행은 피해자가 지적 능력이 낮다는 점을 이용해 피해자를 영리 목적으로 유인한 후 피해자에게 임금을 지불하지 않고 장기간 일을 시킨 것으로 그 죄질이 무거워 엄히 처벌할 필요가 있다.

다만… 이번에 한하여 그 형의 집행을 유예하기로 한다.

실제 선고기일에 참석해 선고를 들었던 분들의 이야기를 빌리자면 '죄질이 무거워 엄히 처벌할 필요가 있다'는 부분까지 들었을 때 중형이 선고될 것으로 기대했다고 한다. 그러나 '다만'이라는 단어가 나오자 그 기대는 여지없이 무너졌다고 한다.

재판부가 형의 집행을 유예하기로 하면서 언급한 양형 사유 중 일부는 정말 유리한 사유로 인정해야 할지 의문이 남는다.

피해자에게 주거와 식사를 제공했고, 병원에서 치료받을 수 있도록 하였으며 피해자를 폭행하는 등의 가혹 행위를 한 적이 없었던 점.

대부분 염전주들은 "먹여주고 재워주고 입혀줬는데 내가 왜 가해자라는 말인가?"라고 항변하며 억울해했다. 피해 장애인에게 의식주를 제공한 것은 노동력 착취 범죄를 이어나가기 위한 것이었을 뿐 피해 장애인을 위한 생존권 보호로 해석할 수는 없다. 그럼에도 재판부가 이를 유리한 양형 사유로 언급한 건 피고인의 파렴치한 항변을 받아준 꼴이다.

피고인이 피해자에게 밀린 임금을 대부분 지급함으로써 피해가 상당 부분 회복된 점.

피해 장애인이 임금 체불 피해자인가? 단지 임금을 늦게 받았을 뿐인가? 그들은 인생의 소중한 시간을 송두리째 빼앗겼는데, 단순히 임금 체불 피해자로 치부하고 밀린 임금을 지급한 점을 유리한 양형 사유로 언급하다니, 과연 그들의 피해를 정확하게 이해한 것일까?

이른바 염전 노예 사건이 공론화되어 범법 행위가 근절되기 전에는 피고인이 거주하는 인근 다수의 영세한 염전에서 좀처럼 노동력을 구할 수 없어 범법 행위가 묵인되어오는 등 이 사건 범행에 이르게 된 경위에 다소 참작할 만한 사유가 있는 점.

지역적 관행, 위법 행위의 묵인이 유리한 양형 사유일까? 경찰관, 근로감독관, 사회복지 공무원의 '의도적 눈감기'는 우연의 결과인가? 가해 염주들의 노력의 결과인가? 이런 비상식적 관행을 양형에 참작하겠다는 내용을 판결문에 버젓이 적었다는 것이 놀라울 뿐이다.

　이 말도 안 되는 판결문 내용 중, 이후 다른 사건에 가장 좋지 않은 영향을 미친 양형 사유는 따로 있었다.

피고인이 피해자를 위하여 8,000만 원을 공탁하여 피해 회복을 위해 노력한 점.

　판결문을 통해 확인되는 범죄 사실은 다음과 같다.

피고인은 2001년 1월경 목포시 남교동에 있는 상호 불상의 여관에서 피해자에게 "먹여주고 재워줄 테니 우리 집에 가서 일하자. 돈도 70만 원 줄게"라고 거짓말을 하여, 그 무렵부터 2014년 2월 6일까지 별지 범죄 일람표 기재와 같이 피해자를 자신의 염전에서 소금을 생산하는 염전 종사원으로 일을 시키고도 급여(최저임금 기준) 합계 121,301,855원을 지급하지 아니하였다.

　최저임금을 기준으로 하면 약 1억 2,000만 원인데, 왜 가해자는 8,000만 원을 공탁한 것일까? 그리고 재판부는 왜 피해 회복을 위해 노력했다며 양형에 반영해준 것일까?
　8,000만 원은 2014년 1월 기준 10년분 최저임금의 총액이다. 무슨 이유인지 그 당시 10년 넘게 노동력을 착취한 염전 노예 사건 가해자들이 피해자에게 8,000만 원을 지급하려고 했다. 피해자 통장을

만들어 8,000만 원을 입금한 가해자도 있었고, 이후 재판 과정에서 8,000만 원을 공탁한 가해자도 있었다. 8,000만 원 피해 변제라는 공식은 당시 이를 조사한 근로감독관이 가해자들에게 "실형을 면하기 위해서는 최소 10년분 임금은 지급해야 하는 것이 아니냐?"고 한 말에서 비롯된 듯하다.

실제로 이 공식은 가해자들이 기대한 바와 같이 집행유예를 불렀다. '8,000만 원 피해 변제 – 집행유예 선처'라는 공식을 남긴 이 판결은 6년 후 진행된 청주 타이어 노예 사건에도 영향을 미쳤다.

청주 타이어 노예 사건은 지적장애 3급 장애인을 타이어 가게에서 10년간 일을 시키고, 일을 제대로 못한다는 이유로 '거짓말 정신봉'이라고 적힌 곡괭이 자루로 폭행한 사건이다. 법원은 1심에서 피고인에게 징역 3년의 실형을 선고했다.

항소심 판결 선고기일을 앞두고 피고인은 8,000만 원을 공탁했다. 왜일까? '8,000만 원 피해 변제 – 집행유예 선처'라는 공식을 따르려고 한 것이 아닐까? (다행히 판결에서 이 공식은 깨졌다. 그러나 1심의 징역 3년에서 감형되어 항소심에서는 1년 4개월이 선고되었다. 실형은 유지되었다.)

좋은 판결은 당사자를 비롯한 많은 사람을 위로하는 데 반해 나쁜 판결은 계속 나쁜 영향을 미친다는 것을 확인할 수 있는 대목이다. 최저임금 10년분인 8,000만 원을 변제하는 것은 단지 형사사건의 문제가 아니라 가해자를 상대로 피해 장애인이 제기한 손해배상 소송에서도 큰 쟁점이 되었다.

30년간 노동력을 착취당해도
10년 치 임금만 인정해주는 이상한 판결

지적장애인 엄마와 아들이 2001년부터 충남 당진의 한과 제조 공장에서 노동력을 착취당한 사건이 2016년 세상에 알려졌다. 15년간의 노동력 착취에 대해 피해 장애인은 시민 단체의 도움을 받아 손해배상 소송을 제기했는데, 재판부는 10년분 임금만 배상하라는 판결을 내렸다. 1심인 대전지방법원 서산지원도 그랬고 항소심인 대전고등법원도 15년 중 3분의 2에 해당되는 10년분만 인정했다.

그 이유는 현행 소멸시효 제도 때문이다. 소멸시효 제도는 권리를 행사할 수 있음에도 일정한 기간 동안 그 권리를 행사하지 않은 상태, 즉 권리불 상태가 계속된 경우 법적 안정성을 위해 권리를 소멸시키는 제도다. '권리 위에 잠자는 자는 보호받지 못한다'는 독일의 법언(법에 관한 속담이나 격언)에서 시작되었다는 이 말은 우리 민법에서도 통용되고 있다.

예를 들어 빌려준 돈을 10년 동안 갚지 않았는데 법적 조치를 취하지 않았다면 10년이 지난 후 소송을 해도 상대방이 소멸시효항변을 하면 그 소송에서 진다.

어찌 보면 부당하다고 생각되지만 돈을 갚은 사람은 10년 넘게 영수증 등 자료를 보관하기 어려울 수도 있기에 10년이 지난 권리 행사에 일정한 제한을 둘 필요는 있을 것이다. 그러나 이런 소멸시효 제도를 지적장애인 노동력 착취에 적용할 수 있을까?

신안군 염전 노예 사건 이후 지금까지 장애인 노동력 착취 사건에서 피해 장애인들은 줄곧 가해자들의 소멸시효 항변이 상식에 반하기에 민법 제2조 '신의성실의 원칙'으로 그러한 항변은 배척해야 한다고 주장했지만, 대한민국 법원 그 어디서도 그런 항변을 배척해 준 판결은 나오지 않고 있다.

독일의 법언처럼 피해 장애인들은 '권리 위에 잠자는 자'일까? 자신의 권리를 스스로 행사할 수 없는 지적장애인의 특성을 이해하지 못한 채, 그리고 그 권리를 행사하지 못하도록 한 가해자들의 가혹 행위에는 눈을 감은 채, 10년간 권리를 행사하지 못한 부분에 대해 배상해줄 수 없다고 하는 판결은 과연 타당할까?

피해 장애인의 노동력을 착취하는 기간이 길면 길수록 가해자가 더욱 큰 경제적 이득을 얻는 불합리한 결과를 가져오는 판결문이 생산되는 대한민국에서 지적장애인 노동력 착취가 근절되기를 바란다는 건 기적을 바라는 것과 별반 다르지 않을 것이다.

피해 장애인을 지원하는 시민 단체는 장애인 학대 사건에 민법 소멸시효를 그대로 적용하는 건 헌법 원리와 상식에 부합된다고 볼 수 없기에 헌법재판소와 국회에 도움을 요청했다. 그러나 뚜렷한 성과는 내지 못하고 있다.

근로기준법 개정안(강제근로 등으로 인한 임금채권 소멸시효의 기산일을 사용자와 근로자의 근로계약이 종료된 날 또는 근로자의 법정대리인이 강제근로 사실을 안 날 중 먼저 도래한 날로부터 함)이 19대 국회(설훈 의원 대표

발의, 의안 번호 18581)에서 발의되었지만 임기 만료로 폐기되었다. 우리는 언제까지 이 비상식적인 판결이 법원에서 생산되는 걸 지켜봐야 한단 말인가?

다행히 2021년 3월 16일 최혜영 국회의원을 비롯한 18명의 국회의원은 장애인복지법 개정안을 발의했다. 장애인 학대 사건에서는 학대가 종료될 때까지는 소멸시효가 진행되지 않는다는 소멸시효의 특례규정을 신설하자는 것이다. 이번 개정안은 반드시 국회를 통과해 더 이상 이런 비상식적인 판결문이 법원에서 생산되지 않기를 바란다.

계속 반복되는 장애인 노동력 착취 사건

신안군 지적장애인 노동력 착취 사건이 세상에 알려진 이후, 지금까지 학대 사건을 예방하고 대처하기 위한 여러 제도가 갖추어졌다. 장애인복지법을 개정해 학대 사건에 대응하기 위한 장애인 권익 옹호기관의 체계가 갖추어졌고, 장애인 학대 사건을 처벌하는 규정도 신설 및 정비되었다.

그럼에도 지적장애인 노동력 착취 사건은 대한민국에서 사라지지 않았다. 중앙장애인권익옹호기관에서 2018년 9월 발표한 자료에 의하면 2018년 1월 1일부터 6월 30일까지 기관에 신고 접수되어 '학대-경제적 착취'로 판정된 사례는 총 218건이고, 노동력 착취로 분

류된 사례는 총 27건에 이른다. [13]

세계 노예 지표(Global Slavery Index)는 2016년 대한민국을 167개 국 중 32번째 위험 국가로 평가했다. 2018년 발표한 지표에서는 추정 노예 수가 9만 9,000명으로 2016년 20만 4,900명에 비해 감소하기는 했으나 여전히 심각한 수준으로 평가하고 있다.

계속 반복되는 장애인 노동력 착취 사건을 근절하기 위해서라도 법원에서 생산되는 판결이 과연 옳은지 묻고 따져야 한다.

진범의 자백이라는 메가톤급 태풍이 발생해야만 재심 제도가 작
동하는 현실은 타당한가?

재심을 청구하는
사람들 이야기

**"수사기관에서 범행을 모두 자백하고서도 이 법정에 이르러 범행을 부인하는
등으로 자신의 잘못을 뉘우치기는커녕 망인을 잃은 유족에게 또다시 커다란 정
신적 충격과 고통을 가하고 있는 점을 고려하여 정해진 형기 범위 내에서 징역
15년에 처함."**

만약 여기에서 '자백'이 수사기관의 강압에 의한 것이었다면, 억울함
속에서 산 15년이라는 긴 시간은 어떻게 보상받을 수 있을까?

한 사람의 목숨과 영혼을 앗아가는 형사재판

재판도 사람이 하는 일이기에 완벽할 수 없다. 돈이 오가는 민사소송은 그렇다 치더라도 사람을 감옥에 가두기도 하고 목숨을 빼앗기도 하는 형사재판에서 판사의 잘못된 판단으로 억울한 사람이 생길 수 있다는 건 소름 끼치는 일이다.

53년 전 반공법을 위반해 징역 15년을 살고 나온 오경대 씨는 최근 재심으로 무죄판결을 받은 후 이런 말을 남겼다.

"지금껏 영혼 없는 삶을 살았습니다. 오늘 판결은 저에게 영혼을 돌려준 것입니다."

한국전쟁 당시 행방불명되었다가 나타난 형이 일본으로 함께 가자는 말에 28세 제주 청년은 형을 믿고 배를 탔다. 그런데 일본으로 향할 줄 알았던 배는 북한으로 향했다. 억지로 각혈을 하면서 폐병 환자 행세를 해 간신히 돌아온 오경대 씨의 사연은 이 암울한 스토리의 끝이 아닌 시작일 뿐이다. 동생을 제주에 데려다준 형은 서울에 있는 자신을 만나주지 않으면 가족을 몰살시키겠다는 협박을 했고, 형제의 만남을 주선해준 일로 가족 4명이 모두 간첩으로 몰렸다. 서울에 있는 형은 사형선고를 받아 형장의 이슬로 사라졌고, 오경대 씨는 징역 15년을 선고받았으며 다른 가족 2명도 구금되었다.

50년 넘게 '영혼 없는 삶'을 살았다고 고백한 오경대 씨. 그의 아들은 아버지가 잡혀가던 바로 그해 태어나 15년 동안 '아빠 없는 삶'을 살아야 했다. 형사재판을 받은 4명 외의 식구들 또한 삶을 송두리째 빼앗길 만큼 형사재판은 너무나 가혹했다.

2019년 화성 연쇄살인 사건과 관련한 이춘재의 자백으로 시작한 재심 과정을 보면 형사재판이 얼마나 큰 공포로 다가올 수 있는지 다시 한번 확인할 수 있다.

2019년 9월 이춘재가 살인 14건과 강간, 강간미수 30여 건을 저질렀다고 자백한 후 경찰조사가 진행되었고, 경찰은 8차 화성 연쇄살인 사건 진범을 이춘재로 결론 내렸다. 그런데 이미 8차 사건으로 조사받아 20년간 옥살이를 한 사람이 있었으니 바로 윤성여 씨다. 윤성여 씨는 2019년 11월 재심 청구를 했고, 2020년 1월 재심 개시 결정이 내려져 32년 만인 2020년 12월 17일 무죄를 선고받았다.

이춘재의 자백을 통해 폭로된 기존 형사재판의 부실함

이 사건은 형사재판이 얼마나 공포스러운 존재인지 드러낸다. 성실한 농기계 수리공이던 윤 씨는 자신도 모르는 살인 사건의 용의자가 됐고, 경찰의 혹독한 고문을 견디다 못해 거짓 자백을 했다. 그렇게 해서 그는 1988년 9월 경기도 화성군에서 발생한 13세 박 모 양 살인 사건의 범인이 됐다. 윤 씨에게 허위 자백을 받아낸 경찰은 박 양 방 안에서 발견된 음모를 증거로 내세웠고, 허위로 작성한 국립과학

수사연구원의 음모 감정서는 사법부로 하여금 윤 씨가 범인임을 확신하도록 했다.

소아마비로 다리가 불편했던 윤 씨는 가본 적도 없는 사건 현장에서 하지도 않은 범행을 재현해야 했다. 경찰은 1심 법정에 이르기까지 그에게 허위 자백을 강요했다. 윤 씨는 결국 체포된 지 약 3개월 만인 1989년 10월 20일 수원지법에서 무기징역을 선고받았다.

윤 씨는 항소심에 이르러 자신의 결백을 주장했다. 경찰에게 혹독한 고문을 당한 탓에 허위 자백을 했다고 주장했지만, 2심 재판부 역시 그의 호소를 귀담아 듣지 않고 진실을 외면했다. 폭행과 고문을 통해 받아냈다는 윤 씨의 자백을 재판 과정에서 전혀 걸러내지 못한 것이다.

이 사건에서 비난받아야 할 대상은 윤 씨를 폭행해 자백을 받아낸 형사뿐일까? 당시 재판에 참여한 판사들에게는 책임이 없을까? 재심 무죄판결을 선고하며 수원지방법원 재판부가 사법부의 잘못을 사과한 건 바로 그 책임 때문이었을 것이다.

폭행과 고문으로 받아낸 자백을 제대로 걸러내지 못한 재판은 윤 씨 사건뿐만이 아니다. 수사기관의 폭행과 고문을 통해 '조작된 간첩들'이 재판에 넘겨졌을 때, 수많은 판사가 윤 씨의 외침을 묵살했듯 그들의 외침 또한 묵살했다. 시민 단체 '지금여기에'와 은유 작가가 간첩 조작 피해자들을 만난 후 기록한 책에는 다음과 같은 이야기가 담겨 있다.

법정에 가면 그래도 판사님은 내 진실을 알아주지 않을까 일말의 기대를 가졌다고 인터뷰이들은 하나같이 말했다. 그 믿음은 헛되고 헛됐다. 이 일사불란한 무한 폭력의 회로에 갇혔던 김흥수는 이렇게 말했다.

"배운 사람들이 그러는 걸 보고 못 배운 걸 한탄하지 않았습니다."

은유, 《폭력과 존엄 사이》 중 [14]

윤 씨는 왜 지금껏 재심 청구를 하지 않았을까?

또 주목할 건 윤 씨가 재심을 청구한 시점이다. 20년간 옥살이를 한 후 가석방으로 출소한 지 10년인데, 30년 동안 그는 왜 재심을 청구할 엄두조차 내지 못했을까? 8차 화성 사건도 자신이 저질렀다는 이춘재의 자백이 없었다면 과연 윤 씨는 재심을 청구할 수 있었을까? 설사 재심을 청구했다 하더라도 재심이 열릴 것이라 기대할 수 있었을까? '진범의 자백'이라는 메가톤급 태풍이 발생해야만 재심 제도가 작동하는 현실은 타당한가?

1998년 스웨터 공장에서 일하던 여성이 살해된 사건에서 범인으로 지목되어 징역 17년을 선고받고 출소한 김현재 씨도 화성경찰서 장 반장(1988년 8차 화성 연쇄살인 사건 수사관 장 형사가 1998년에는 장 반장이 되었다)의 강압 수사 피해자라 주장하고 있다.

그는 법정에서도 철야 수사를 받은 후 정신이 혼미한 상태에서

"모든 물증을 확보해 처벌받을 수밖에 없다. 자수하면 2~3년 정도 살고 나올 수 있다"는 경찰의 협박과 거짓 회유 때문에 허위 자백을 했다고 진술했다. 하지만 당시 재판부는 김 씨의 주장을 받아들이지 않았고, 공소사실을 인정할 직접적 증거가 없음에도 수사기관에서 한 김 씨의 자백과 이를 보강할 나머지 정황증거만으로 징역 17년을 선고했다.

그는 2013년 교도소에서 당시 수사를 진행했던 장 반장을 처벌해달라는 내용의 고소장을 검찰에 제출했지만, 공소시효가 지났다는 이유로 수사는 이뤄지지 않았다. 같은 해 법원에 재심 청구서도 냈지만, 장 반장 등이 직무 관련 범죄를 저질렀다는 증거가 부족하다는 이유로 기각됐다.

김 씨는 2015년 만기 출소한 후 시민 단체와 함께 재심을 준비했고, 4년 뒤인 2019년 11월 다시 법원에 재심 청구서를 제출했다. 이에 많은 분들이 이런 질문을 던졌다.

"8차 화성 사건처럼 진범이 나타나 자백을 한 경우가 아닌데 재심 청구가 받아들여질까요?"

이춘재의 자백으로 재심이 개시되어 무죄판결을 받은 윤성여 씨와 달리 김 씨는 이번에도 재심받을 기회를 얻지 못했다. 김 씨의 재심은 진범의 자백이 없다면 영영 열릴 수 없는 것일까?

엄격한 재심 사유, 개선되어야

여러 전문가는 법원의 잘못된 판단으로 억울한 옥살이를 하는 이들을 구제하기 위해 재심받을 기회를 더 제공해야 한다는 취지의 주장을 펼치고 있다. 2018년 10월 4일 한국형사정책연구원과 한국무죄네트워크가 공동으로 개최한 토론회에서는 '법원의 유죄 오판이 드러나더라도 현행 형사소송법이 재심 이유로 증거의 명백성과 신규성을 이중으로 요구하고 있어 재심을 받기까지 벽이 지나치게 높다'는 지적이 나왔다.

2009년에는 다음과 같은 판례가 논란이 된 적도 있다. 안 모 씨는 2001년 성폭행 혐의로 기소되어 징역 10년을 선고받았다. 수감 생활을 하던 안 씨는 2005년 재심을 청구했는데, 수사 과정에서 "자백하지 않고 부인하면 강도 혐의까지 포함해 보호감호 처분을 받게 하겠다"는 협박과 함께 폭행당해 거짓 자백을 했다고 주장했다. 특히 국립과학수사연구소는 범인이 무정자증으로 추정된다는 결과를 내놓았는데 안 씨는 무정자증이 아니라는 증거도 새로 제출했다.

그러나 재심 개시 여부를 판단한 서울고등법원은 "안 씨가 정액 검사 결과를 당시 재판 과정에서 제출할 수 있었는데도 그렇게 하지 않았기에 새로 발견된 증거라고 할 수 없다"며 재심 요건인 '신규성'을 인정하지 않았다. 안 씨는 이에 재항고했고 대법원 전원합의체는 4년이 흐른 2009년 7월 16일 "피고인이 재판 과정에서 제출하지 못한 증거는 재심 사유에서 말하는 '새로 발견된 증거'에서 제외된다"

며, 대법관 전원일치 의견으로 이를 다시 기각했다.

방어권 보장에 취약한 피고인들은 재판을 받으며 자신에게 유리한 증거를 제출하기 어려운 경우가 많을 텐데, 재판받을 때 제출할 수 있었던 증거를 제출하지 못하고 재심 단계에서 제출한 경우 신규성 요건을 충족할 수 없다며 배척하는 태도가 올바른 것일까? 무조건 무죄를 선고해달라고 떼쓰려 재심을 요청하는 게 아니다. 재판을 다시 열어 공소사실을 유죄로 인정할 수 있는지 한 번 더 판단받을 기회는 주어야 하지 않을까?

프랑스에서 2014년 형사소송법을 개정해 증거의 명백성과 신규성 중 하나만 충족해도 재심을 개시할 수 있도록 했다. 이를 참고해 우리나라도 당사자가 이전 재판에서 제출하지 못한 증거 또한 명백성만 인정된다면 재심을 개시하도록 제도를 개선할 필요가 있다.

변호인 조력의 중요성

또 하나의 의문은 왜 이런 억울한 재판을 막지 못했냐는 것이다. 그 이유는 '약촌오거리 사건'에서 알 수 있다. 약촌오거리 사건은 영화 〈재심〉의 모티브가 된 사건으로, 윤성여 씨의 억울함을 풀게 해준 재심 전문 박준영 변호사가 진행한 사건이기도 하다. 약촌오거리 사건을 간단히 정리하면 다음과 같다.

20년 전 전북 익산시 약촌오거리에서 택시 기사 유 모 씨가 칼에 12차례 찔려 살해되는 사건이 발생했다. 경찰은 근처 다방에서 심부름하며 먹고 자던 다방 꼬마 15세 최 모 군을 용의자로 지목했다. 경찰, 검찰, 법원은 최 모 군이 살인범이라고 결론 내렸고, 최 모 군이 징역 10년을 선고받아 자신의 악하고 모진 범행에 대한 형사책임을 졌다.

여기까지는 흉악범이 저지른 다른 사건과 크게 다르지 않은 결론이다. 그러나 이 사건은 여기서 끝나지 않았다. 흉악범으로 몰려 징역 10년을 살고 나온 최 모 군은 실제 범인이 아니라 억울한 누명을 쓴 것이었다. 사건 발생 3년 후 진범이 수사기관에서 자백을 했음에도 관계자들은 자신의 과오를 숨기기 위해 사건을 덮기까지 했다. 그 때문에 16년이 지나서야 재심이 열려 무죄를 받아 뒤늦게나마 진범에 대한 처벌 절차가 진행되었다.

재심 사건 변호를 맡아 무죄를 이끈 박준영 변호사가 진실을 알아내기 위해 기울인 노력에 많은 사람이 찬사를 보냈다. 그러나 20년 전 15세 소년이 재판을 받았을 때 그를 변호했던 변호사를 기억하는 사람은 없다.

최 모 군이 수사기관에 붙잡혀 몇 날 며칠 잠을 자지 못한 상태에서 자백을 강요당하며 '이러다 여기에서 죽는 것이 아닐까' 하는 공포감에 허위 자백을 했을 때, 옆에서 그를 돕는 변호사는 없었다. 그리고 자신의 억울함을 밝혀줄 것이라고 기대한 1심 재판부가 오히려 자백을 번복한 것에 괘씸죄를 적용해 징역 15년을 선고할 때도, 끝까지 노력해 누명을 벗자고 그를 설득하는 변호사는 없었다. 그저 형량이라도 줄이기 위해 다시 자백하자는 국선변호인의 충고만 있었고, 그는 그 충고를 받아들여 항소심에서 반성문을 썼다. [15]

선고형의 결정

사소한 시비 끝에 특별한 동기도 없이 칼로 무고한 한 생명을 살해한 범죄로 범행 결과가 중하고 범행 수법이 잔인하며, 범행 후 죄적을 은폐하려는 기도를 하였을 뿐만 아니라 수사기관에서 범행을 모두 자백하고서도 이 법정에 이르러 범행을 부인하는 등으로 자신의 잘못을 뉘우치기는커녕 망인을 잃은 유족에게 또다시 커다란 정신적 충격과 고통을 가하고 있는 점을 고려하여 정해진 형기 범위 내에서 징역 15년에 처함.

1. 판결 선고 전 구금 일수의 산입

　형법 제57조

이상의 이유로 주문과 같이 판결한다.

2001. 2. 2

당사자의 억울함을 풀어주는 것은 변호인의 사명이다. 그러나 변호인이 그 사명을 다하지 않을 때 결국 브레이크 없이 무서운 속도로 전진하는 형사재판은 한 사람의 인생을 망가뜨린다. 그런데 여기서 이런 의문이 들기도 한다. 살인범으로 몰린 15세 소년이 재판을 받을 때 그의 억울함을 풀어주기 위해 변호했던 변호사는 과연 재심 변호사처럼 영웅 대접을 받았을까? 흉악범의 범행을 비호한다며 비난하지는 않았을까? 악한 행동을 한 흉악범은 엄격한 벌을 받는 것이 당연하고 그를 조력하는 변호인은 돈만 좇는 밉상으로 보이는 것이 현실이지만, 수사와 재판을 받는 피고인이라면 누구나 변호인의 조력을 충분히 받아야 한다는 것도 함께 기억했으면 좋겠다.

05

아동이 부모와 함께 살 권리, 교육받을 권리는 보호받아야 한다.
이는 아동의 국적에 따라 차별받아서는 안 되는 기본적인 가치다.

비자도 없이
투명인간처럼 살아가라고?

**"이주 아동의 교육권 보장과 체류 자격 부여는 별개의 문제로서 (…) 무조건 체
류 자격을 부여할 의무가 직접 발생한다고 보기 어렵고, 외국인의 거주 이전 자
유는 출입국관리법 등에 따라 일정한 제한을 받을 수밖에 없다."**

대한민국 의회에서 비준하여 법률과 똑같은 효력을 가지는 'UN 아
동권리협약'은 아동의 국적과 상관없이 교육받을 권리가 보장되어
야 한다고 규정하고 있다. 하지만 법원은 위와 같은 이유를 들어 이
주 아동의 교육받을 권리를 짓밟고 있다. 체류 자격(비자)도 없이 투
명인간처럼 살아가며 제대로 된 교육을 받을 수 있을까?

자신의 꿈을 포기해야 하는 아이들

김우정(가명)은 한국에서 태어나 현재 중학교 3학년에 재학 중이다. 우정이는 제2의 김연경을 꿈꾸는 배구 예비 스타였다. 훤칠한 키와 유연한 몸동작으로 훌륭한 배구 선수가 될 수 있으리라는 기대를 모았지만 배구를 그만두었다. 미등록 외국인이기 때문이다(미등록 외국인을 일반적으로 '불법체류자'라고 부르지만, 행정법규인 출입국관리법을 준수하지 않은 외국인에게 '불법'이라는 단어를 사용해 그들을 사회적 비난의 대상으로 인식하게 하는 것은 적절하지 않다는 국가인권위원회의 권고에 따라 여기에서는 불법체류자라는 말을 사용하지 않기로 한다).

아동의 국적과 상관없이 교육받을 권리가 보장되어야 한다는 UN 아동권리협약에 따라 대한민국 정부는 아동이 성년에 이를 때까지 학교에 다닐 수 있게 하고, 아이의 부모 중 한 명이 양육을 위해 합법적으로 체류할 수 있는 권리를 부여하고 있다. 그러나 정작 이주아동에게는 체류 자격(비자)을 부여해주지 않는다. 그래서 우정이는 초등학교를 졸업하고 중학교에 진학한 후에도 체류 자격(비자) 없는, 미등록 외국인으로서의 투명인간의 삶을 강요받고 있는 것이다.

우정이가 대한민국에서 미등록 외국인으로 살아간다는 건 상상할 수 없이 많은 불편을 초래했다. 일단 배구부에서는 겨울방학이 되면 전지훈련을 가는데, 더 따뜻한 제주도로 가야 할 때면 우정이는 훈련을 포기해야만 했다. 미등록 외국인은 신분을 증명하지 못해 비행기에 탑승할 수 없기 때문이다.

제주도가 아니더라도 학교에서 우정이의 합류를 꺼렸다. 전지훈련 과정에서 발생할 불의의 사고에 대비해 보험에 가입해야 하는데, 미등록 이주 아동은 보험 가입이 어려웠기 때문이다. 우정이는 안타깝게도 도중에 포기했다. 부모님과 주위 사람들은 이 모든 불편과 어려움을 극복하고 배구 선수가 되길 바랐지만, 10대 소녀가 극복하기에는 장벽이 너무 높았다.

꿈을 포기해야 하는 현실은 비단 우정이에게만 해당하는 일이 아니다. 그리고 꿈을 포기하는 것 외에도 이주 아동이 겪는 문제는 너무나 많다. 건강보험을 적용받을 수 없기에 아파도 병원에 가는 것이 부담스럽고, 태어나 한국에서 살지만 언제까지 체류할 수 있을지 몰라 불안에 시달린다.

그렇다면 이런 아이가 대한민국에 몇 명이나 될까? 국가인권위원회가 2010년 '이주 아동의 교육권 실태 조사'를 통해 국내 미등록 이주 아동이 2만여 명으로 추산된다는 내용을 발표한 게 전부다. 이마저도 법무부가 파악한 '미등록 외국인 체류 비율'을 인권위가 단순 계산해 얻은 수치여서 정확도가 크게 떨어진다.

UN 아동권리협약에 의거해 이주 아동의 교육권을 보장해준다면, 최소한 그 기간에 합법적인 체류 자격을 부여받을 수는 없을까? 건강보험도 가입하고, 비행기를 타고 제주도도 갈 수 있게 해줄 수는 없을까?

그런 생각에서 시작한 체류 자격 변경 소송이 2017년에서 2018년까지 수원지방법원에서 진행되었다.

국적에 상관없이 보장되어야 하는 교육권

사미아(가명)는 방글라데시 국적 아동(2008년 출생)으로 역시 국적이 방글라데시인 부모님과 함께 단기 방문(C-3) 체류 자격으로 한국에 입국했다. 부모는 한국에 온 직후 난민 인정 신청을 했고, 사미아 가족은 난민 신청자에 부여하는 체류 자격(G-1)을 부여받았으나 난민 인정이 불허되었다. 이후 행정소송 진행 중에는 소송 중인 자에게 부여하는 체류 자격(G-1)을 유지했다.

그때까지만 해도 사미아는 미등록 이주 아동이 아니라 체류 자격이 있는 이주 아동이었다. 그러나 부모의 소송이 대법원에서 패소 확정되자 체류 자격을 더 이상 유지할 수 없었다. 시민 단체의 도움을 받아 사미아는 고등학교 이하 외국인 유학생(D-4-3) 체류 자격으로 변경 허가 신청을 했으나, 인천출입국관리사무소 안산출장소(현재 인천출입국외국인청 안산출장소)는 2017년 9월 '자격 변경 대상 아님 및 요건 미비 등'을 이유로 불허가했다. 이에 사미아 가족은 불허가 처분을 취소해달라는 행정소송을 제기했다.

결론부터 이야기하자면 이 행정소송은 패소 확정되었다. 헌법 제6조 제1항(1991. 11. 20)에 따라 대한민국 의회에서 비준한 UN 아동권리협약에는 아동이 외국인인지 여부와 관계없이 다른 아동과 차별 없이 교육받을 권리가 있다고 명시되어 있다.

그럼에도 대한민국 정부는 법무부 내부 지침으로 '일시적 체류 허가'만 가능하게 했다. 이에 '아동의 일시적 체류 허가는 사실상 체류 아동을 다른 아동과 차별하는 것'이라는 주장을 펼쳤지만, 법원은 다음과 같은 이유로 청구를 기각했다.

이주 아동의 교육권 보장과 체류 자격 부여는 별개의 문제로서 정부가 이주 아동의 교육권을 보장해야 한다고 해서 이주 아동에게 체류 자격 요건 구비 여부를 불문하고 무조건 체류 자격을 부여할 의무가 직접 발생한다고 보기 어렵고, 외국인의 거주 이전 자유는 출입국관리법 등에 따라 일정한 제한을 받을 수밖에 없으며, 체류 자격 간 합리적 차등을 부여할 수 있다고 할 것이다. 원고가 주장하는 사정만으로 이 사건 처분이 평등 원칙에 반한다고 보기 어렵다.

부모와 함께 살 권리는 보장되어야 한다

아동의 권리를 보장하지 않는 또 하나의 판결을 소개해본다.

한국을 찾는 외국인 유학생이 많다. 몽골 출신 미성년 이주 아동도 외국인 유학생 부모를 따라 한국에 입국했다. 그런데 부모의 유학 비자에 문제가 생겨 출입국 당국과 소송을 하게 되었다. 유학생 부모는 한국에 체류해야 하는 상황인데 출입국 당국은 이주 아동의 체류 연장을 불허한 것이다.

미성년 아동은 부모의 지원을 받지 않고서는 독자적으로 생활해나가기 어렵기에 아동이 부모와 함께 살 권리는 보호받아야 한다. UN 아동권리협약 9조 제1항도 아동이 의사에 반해 부모와 분리되지 않아야 한다고 규정하고 있다. 이러한 원칙에 의거할 때 출입국 당국의 체류 연장 불허 처분은 부당하다.

그러나 법원은 미성년 이주 아동의 체류 연장을 불허한 출입국 당국의 손을 들어주었다(대법원 2018. 9. 13. 선고 2017두69687). 법원은 3개월의 단기 방문 체류 자격으로 입국했기 때문에 입국 시부터 한국에서 합법적으로 체류할 수 있는 기간을 잘 알고 있었다는 점을 논거로 들었다. 그러나 이주 아동이 부모와 분리되어 먼저 돌아갈 것이라고 예상하지는 못했을 것이다.

또 법원은 이주 아동이 부모가 입국한 지 6개월 후에 입국한 사실에 큰 의미를 부여했다. 6개월 동안 몽골에서 누군가의 보호 아래 잘 지내왔으니, 부모와 분리되어 몽골로 돌아가더라도 누군가의 보호 아래 예전처럼 잘 지낼 수 있을 것으로 보인다는 것이다. 그러나 부모와 분리된 미성년 아동은 어떤 위험에 처해질지 알 수 없다. 입국 전 6개월이 안전했다고 해서 출국 후에도 계속 안전하리라는 보장은 없다.

부모가 소송에서 패소해서 가족 모두 출국해야 하는 상황이면 몰라도 부모의 소송 진행 중 미성년 이주 아동만 부모와 분리되어 혼자 돌아가서 지내라고 하는 것이 과연 타당한 판결일까? 법원의 이런 판결문에는 항상 출입국 행정으로 달성해야 하는 '국가의 이익'이라는 단어가 반드시 포함되어 있는데, 미성년 아동이 가족과 함께 일시적으로 체류하는 것을 금지하면서 달성할 수 있는 국가의 이익이 과연 무엇인지 의문이다.

UN 아동권리협약,
한국 법원에서는 왜 무시당할까?

대한민국 헌법 제6조 제1항은 '헌법에 의하여 체결·공포된 조약과 일반적으로 승인된 국제법규는 국내법과 같은 효력을 가진다'고 규정하고 있다. 1989년 UN에서 아동의 권리를 보장하기 위하여 만든 협약인 UN 아동권리협약은 세계에서 가장 많은 국가가 비준한 국제 인권조약에 해당한다. 우리나라 역시 1991년 비준하여 위 협약은 국내법과 같은 효력을 가진다.

UN 아동권리위원회는 2003년 한국 정부에 미등록 이주 아동에 대한 차별 없는 교육권의 보장을 최초로 권고한 이후 총 4차례에 걸쳐 '아동권리협약'을 충실히 이행할 것을 권고하고 있다. 미성년 이주 아동을 등록 유무와 상관없이 학교에 다니도록 하는 데 왜 이런 권고까지 받아야 하냐고 반문하는 사람도 있을 것이다.

그러나 미성년 이주 아동에게 비자도 없이 투명인간처럼 살라

고 하고, 부모와 분리되지 않을 아동의 권리를 짓밟는 출입국 당국의
비상식적 처분에 대해 우리 법원이 '국가의 이익'이라는 핑계로 불량
판결문을 계속 생산하는 한, 우리는 국제사회로부터 받는 이런 비난
을 절대 피할 수 없을 것이다.

06

판사는 한 사람의 인생을 좌지우지할 만한 판결을 선고할 권한을
국민에게 위임받았다. 그렇다면 위임받은 권한을 행사할 때 더 엄
격해야 하고, 실수가 있을 경우 더 철저하게 책임져야 한다.

부실 재판에 대해
국가배상을 요구하다

**"국가배상 책임이 인정되려면 당해 법관이 위법 또는 부당한 목적을 가지고 재
판을 하였다거나 법이 법관의 직무 수행상 준수할 것을 요구하고 있는 기준을
현저하게 위반하는 등 법관이 그에게 부여된 권한의 취지에 명백히 어긋나게 이
를 행사하였다고 인정할 만한 특별한 사정이 있어야 한다."**

이는 판사에게 국가배상 책임을 묻는 재판에서, 재판부가 패소 판결
을 내리며 판결문에 담은 내용이다. 공무원은 실수로 국민에게 손해
를 입혔다면 국가가 배상 책임을 지게 되어 있는데, 판사는 실수해도
국가가 책임질 수 없다고 한다. 이 억울함은 어디에 하소연해야 할까?

피해 장애인이 처벌불원서를 썼다고?

"2014년 2월부터 지금까지 3년 넘게 (신안군 염전 노예 사건의) 법률 지원을 하며 가장 비상식적인 일은 어떤 것이었나요?"

기자가 던진 이 질문 때문에 시작한 국가배상 소송이 있다. 신안군 염전 노예 지적장애인 처벌불원서 조작을 제대로 확인하지 못한 재판부에 과실 책임을 묻는 국가배상 소송이 바로 그것이다. 지적장애인을 섬에 그대로 방치한 경찰관, 근로감독관, 사회복지 공무원의 잘못을 묻는 국가배상 소송도 제기했지만, 이 국가배상 소송은 판사들의 잘못을 묻는 소송이다.

이 질문을 받은 시점은 신안군 염전 노예 사건의 법률 지원이 대부분 종결된 시점이었다. 2017년 9월 한 언론사 기자가 사무실로 찾아와 법률 지원 과정을 묻고 답하는 과정에서 나온 질문이다.

질문을 받자마자 떠오른 사건이 있었다. 이 사건은 길지도 짧지도 않은 내 법조인 생활에서 가장 황당하고도 불쾌한 사건으로 기억된다. 질문을 받은 2017년에도 그랬고, 이 글을 쓰고 있는 지금도 그렇다.

2015년 1월 22일, 나는 신안군 염전 노예 사건의 피해 장애인과 그의 후견인, 사회복지사와 함께 법정에 갔다. 피해 장애인이 작성했다는 서류에 관련해 재판부에 설명해야 했기 때문이다.

피해자가 가해자의 형사처벌을 원하지 않는다는 '처벌불원서'

라는 종이 한 장이 광주지방법원 재판부에 제출된 건 2014년 10월 13일, 가해자 1심 선고가 이루어지기 3일 전이었다.

그 종이는 크게 두 부분으로 구성되어 있었는데, 피해자 이름까지 포함해 내용 전체가 컴퓨터로 작성해 인쇄한 것이었다. 그중 주민등록번호와 피해자 서명란만 자필로 작성했고 무인이 찍혀 있었다.

피해 장애인은 중증 지적장애가 있는 분이었다. 수사 기록에는 그가 한글을 읽고 쓰지도 못하고 오로지 자신의 이름 석 자만 쓸 수 있으며, 주민등록번호도 생년월일만 적을 수 있다는 내용이 고스란히 담겨 있었다. 따라서 처벌불원서의 내용을 당사자가 이해하고 무인을 찍었다고 볼 수 없었다. 그러나 광주지방법원 목포지원 형사1부 판사들은 이 처벌불원서의 효력을 그대로 인정해 가해자에게 집행유예라는 선처를 베풀었다. 그리고 근로기준법 위반에 대해서는 공소기각을 선고했다.

광주지방법원 2014고합 57 판결문 중 일부
다만, 피고인은 피해자를 위하여 8,000만 원을 공탁하여 피해 회복을 위하여 노력하였고 피해자가 피고인에 대한 처벌을 원하지 않는 점, 피고인이 이 사건 각 범행 일체를 자백하고 6개월간의 구금 생활을 통하여 자신의 잘못을 깊이 반성하는 점은 유리한 정상으로 참작하기로 한다.

위 공소사실은 근로기준법 제109조 제1항, 제36조에 해당하는 죄로서 같은 법 제109조 제2항에 의하면 피해자의 명시한 의사에 반하여 공소를 제기할 수 없는 사건이다. 그런데 이 사건 기록에 편철된 합의서에 의하면 피해자가 이 사건 공소가 제기된 후인 2014. 10. 13 피고인과 합의하여 피고인에 대한 처벌을 희망하지 아니하는 의사표시를 한 사실을 인정할 수 있다.

그 당시 피해 장애인은 경찰에게 구출되어 섬에서 빠져나온 이후 전남 목포에 있는 노숙인쉼터에 계셨는데, 구속되어 재판받고 있는 가해 염주 아들이 계속 찾아와 처벌불원서에 무인을 받아낸 것이었다. 이 사실을 뒤늦게 알게 된 나는 항소심 재판기일에 피해 장애인을 직접 데리고 나가 이 처벌불원서의 내용이 피해 장애인의 진의가 아니었다고 설명했다.

"증인, 이 처벌불원서의 내용을 아십니까?"
"…."
"증인, 피고인의 처벌을 원하십니까?"
"…."
"증인, 저기 앉아 있는 사람이 감옥에 갔으면 좋겠습니까?"
"…."

재판부는 피해 장애인에게 여러 번 물었지만, 피해 장애인은 대답하지 않았다. 아무리 쉽게 설명해도 중증 지적장애인 당사자에게

'처벌', '감옥' 등의 단어는 이해하기 어려운 용어였다.

항소심 재판부는 처벌불원서의 효력을 부인했다. 다만, 아쉽게도 1심 집행유예 판결을 뒤집지는 못했다. 항소심 판결문에 적힌 양형 사유에 1심과는 달리 이 문장이 포함되는 데 만족해야 했다.

"당심에 이르도록 피해자와 합의에도 이르지 못했다."

피고인은 지능지수가 45에 불과하여 정상적인 판단을 하기 어려운 처지에 있는 피해자를 유인하여 상당한 기간 자신이 운영하는 염전에서 일하게 하면서 최저임금마저 지급하지 않는 등 장애인 또한 인간으로서 마땅히 누려야 할 인권을 침해했다. 나아가 이 사건과 같이 장애인을 고용하는 과정에서 발생한 인권침해 등이 언론에 보도되자 피해자를 목포로 데리고 나가 숨기기까지 했고 당심에 이르도록 피해자와 합의에도 이르지 못했다. 이러한 점은 피고인에게 불리한 정상들이다. (광주고등법원 2014노 436)

내가 형사재판에서 만난 판사들은 피해자 명의의 합의서나 처벌불원서가 혹여 가해자가 조작한 것은 아닌지, 피해자의 진의가 왜곡된 것은 아닌지 지나칠 정도로 철저히 확인했다. 피해자가 직접 법원에 제출한 합의서나 인감증명서를 첨부하지 않은 합의서 등에 대해서는 담당 검사에게 피해자의 의사를 다시 한번 확인할 것을 요청하는 등 아주 꼼꼼히 확인하는 걸 본 나로서는 변호인이 선고기일

처 벌 불 원 서

사 건 2014고합57 영리유인 등

피고인 ※※※ (610702-

　　　전남 신안군 ※※※ ※※ (신의면)

피 해 자 : 박※※

주민번호 :

주소 :　ᅠ65ㅇ822-

　　위 사건에 관하여 피해자는 피고인의 가족들이 찾아와 진심으로 용서를
구하였습니다. 따라서 피고인에 대한 처벌을 원치 않으니 피고인으로 하여금
하루빨리 석방되어 정상적인 생활을 할 수 있도록 선처하여 주시기 바랍니
다.

　　　　　　　　　　첨 부 서 류

1.

　　　　　　　　　　　　　　2014. ●. 10.9

　　　　　　　　　　피해자 박※※

자신의 이름 석 자와 생년월일만 겨우 적을 수 있는 피해 장애인의 처벌불원서.
정말 피해자는 어떤 내용인지 확실히 알고 서명했을까?

3일 전에 제출한 지적장애인 명의 처벌불원서의 효력을 그대로 인정한 1심 재판부의 태도를 이해할 수 없었다.

그런데 이 사건 변호인이 2012년까지 목포지원장을 지냈다는 점을 확인한 후 더더욱 의심이 들었다. 이런 게 바로 전관예우 아닐까? 하지만 명확한 증거가 없는 이상 이런 주장을 펼치는 건 조심스럽다. 2015년에는 내게 이 문제를 제기할 용기와 여유가 없었다.

그렇게 덮어버린 사건을 떠올리게 한 건 앞서 설명한 기자의 질문이었다. 그 질문에 대한 내 답변은 다음과 같이 인터뷰한 기사에 아주 간결하게 정리되어 있지만, 내 머릿속은 아주 복잡해졌다.

장애인 처지 이해 못한 기계적 판결 답답

2017. 9. 28

그는 2014년 광주지법 목포지원에서 선고된 형사판결을 단적인 예로 들었다. 무려 13년간 피해자를 감금한 염주가 집행유예 선고를 받았다. 염주 아들이 쉼터에 있던 피해자를 찾아가 선고 직전 사인을 받고 제출한 합의서가 결정적 양형 사유로 작용했다. 피해자는 의사소통이 어려운 1급 지적장애인이었다. 사회복지사를 대동하지도, 합의를 뒷받침할 인감증명을 내지도 않았지만 재판부는 '피고인과 합의해 처벌을 희망하지 않는 의사표시를 했다'고 판시했다. '지적장애인 처지를 사려 깊게 따지지 않은 기계적 판결'이라고 그는 비판했다.[16]

재판부에 잘못을 묻는다는 것

3년 전 판결을 문제 삼기 위해서 우리가 할 수 있는 방법은 국가배상 소송을 제기하는 것인데, 재판부의 잘못에 책임을 묻는 소송은 그 사실을 안 날로부터 3년 이내에 제기해야 한다는 소멸시효 규정에 따라 늦어도 2017년 10월 16일에는 소장을 제출해야 했다.

"소장을 던질 것인가? 그냥 내버려둘 것인가?"

소송을 제기할 계획이라는 이야기를 듣는 사람들마다 나를 말렸다. 재판부의 잘못을 묻는 국가배상 소송에서 승소하는 사례가 거의 없고, 괜히 소문나면 법원에 찍힐 수 있다며 걱정했다. 사법연수원 시절부터 나와 친분이 있던 후배는 이런 질문을 하기도 했다.

"형, 변호사 그만둘 거야?"

고민 중 예전에 읽었던 소설의 한 장면이 떠올랐다.

"꼭 그래야만 하나, 하고 누군가가 물었다. 꼭 그래야만 한다고 그는 대답했다. 그래도, 정말, 꼭이라고 누군가가 다시 물었다. 그래도, 정말, 꼭, 그래야만 한다고 대답할 수 없었다. 그는 눈을 감았다."

공지영, 《도가니》 중 [17]

그렇게 눈을 감았던 많은 순간들이 나에게도 있었을 것이다. 그러나 이번만큼은 그러고 싶지 않았다. 소멸시효 완성을 앞둔 마지막 날, 소장을 제출했다. 다음은 소장을 제출하고 돌아와 적은 글인데, 그날의 비장함을 읽을 수 있다.

국가배상 제기 이유

우리가 이 문제를 피해 장애인과 함께 국가배상까지 제기하면서 굳이 진행하려는 이유는, 3년 동안 생각하고 또 생각해도 이건 재판부의 단순 실수라고 그냥 넘어갈 수가 없어서였다.

우리는 이 문제를 기회가 있을 때마다 언급했지만, 공론화되지 못하였다. 그래서 2014년 10월 16일 선고된 판결문에 대하여 3년이 지난 2017년 10월 16일, 피해 장애인을 대리하여 국가배상 소장을 접수했다.

2015년 1월 22일(내 생일이기도 했다) 광주고법 항소심 재판에 피해 장애인과 함께 출석하여 '처벌불원서'가 피해 장애인의 진정한 의사가 아니었음을 밝혔을 당시, 재판장과 공판 검사가 불편해하는 것을 목격할 수 있었다.

이러한 우리의 문제 제기는 어쩌면 많은 법조인들을 불편하게 할지 모르겠다. 그러나 불편하지만 우리 모두가 알아야 할 현실이다.

아무쪼록 이번 소송을 통해 다시는 장애인의 인격권을 침해하는 일이 대한민국 사법부에서 일어나지 않기를 희망해본다. [18]

재판부의 잘못을 묻는 국가배상 소송에서 승소하는 사례가 거의 없더라도 나는 이 사건 소송에서 승소할 거라고 확신하고 소장을 제출했다. 그런데 국가배상 소송 재판 첫날, 그 확신은 무너졌다.

판사는 나에게 여러 질문을 쏟아부었다. 10분 넘게 진행한 재판에서 내가 받은 질문을 다 기억하지는 못하겠지만, 이것 하나는 기억난다.

"내가 형사 단독 사건 다룬 지가 좀 되어 정확하게 기억나지는 않지만 한 달에 300건 정도 처리하는데, 처벌불원서를 제출하면 피해자들을 다 법정에 불러야 하나요? 그게 가능한가요?"

판사는 마치 자신이 목포지원 형사 제1부 법관들의 변호인인 양 나를 몰아붙였다. 그러고는 이 사건의 사실관계에 대해서는 양쪽이 크게 다투지 않으니 법리적으로 원고 주장을 받아들일 수 있을지 여부를 판단하겠다며 재판을 1회 변론기일 진행으로 종결하고 선고기일을 잡았다.

1회 변론으로 종결될 것이라 예상하지 못한 나는 특별히 그 재판 진행에 대응하지 못했다. 그리고 결국 2018년 4월 패소 판결을 받았다. 그날 나는 기분이 좋지 않았다. 판결문을 송달받고 나서는 우울감이 밀려왔다.

판결문은 세 부분으로 구성되었다.

1. 인정 사실

2. 주장 및 판단

　가. 원고의 주장

　나. 판단

3. 결론

'2. 나' 판단과 결론 부분이 판결문의 핵심인데, 여기에는 인용한 대법원 판결문과 '위 인정 사실만으로는 이를 인정하기에 부족하고 달리 이를 인정할 만한 증거가 없으므로 원고 청구가 이유 없다'라는 불량 판결문의 전형적 문구만 실려 있었다.

위 인정 사실만으로는 이를 인정하기에 부족하다면서, 부족한 이유는 전혀 기재하지 않은 판결문을 보며 나는 이렇게 외쳤다.

"원고 청구가 이유 없는 것이 아니라 판사의 판결이 이유 없다!"

그렇게 집에 가지 않고 홀로 외치고 있던 쓸쓸한 저녁, 전화가 왔다. SBS〈그것이 알고 싶다〉PD에게 걸려온 전화였다. 이 판결문 관련 보도[19]를 보고 연락했다고 말했다. 그리고 그다음 날 찾아온 PD 앞에서 나는 2시간 넘게 외침을 이어갔고 2018년 5월 5일, '학대'와는 가장 멀리 떨어져 있어야 할 어린이를 위한 날 장애인 학대 사건 관련 내용이 방영되었다.

〈그것이 알고 싶다〉 1122회, '끝나지 않은 숨바꼭질, 신안 염전 노예 63인' 방송에서는 PD가 조작된 피해 장애인 명의 처벌불원서를 재판부에 제출한 변호사를 직접 찾아가는 장면이 나온다. PD는 "처벌불원서의 효력을 그대로 인정받은 것은 전관예우가 아니냐"는 질문을 던졌다. 그러자 변호사는 이렇게 답변했다.

　"전관예우 의혹은 오해다. 그 부분은 내가 아니라 당시 판사들에게 문의할 내용이라고 본다."

　항소심을 준비하며 그 변호사의 말이 기억에 남았다. 그래서 당시 형사재판 합의부를 구성했던 판사 3명을 증인으로 신청했다. 하지만 그 증인 신청은 받아들여지지 않았고 재판부 기피 신청도 했지만 기각되었다. 결국 증인 신문도 해보지 못한 채 항소심에서도 불량 판결문을 받았다. 선고 1심과 2심 재판부가 불량 판결을 선고하며 인용한 대법원 판결문을 소개해본다.

법관의 재판에 법령의 규정을 따르지 아니한 잘못이 있다 하더라도 이로써 바로 그 재판상 직무 행위가 국가배상법 제2조 제1항에서 말하는 위법한 행위로 되어 국가의 손해배상 책임이 발생하는 것은 아니고, 그 국가배상 책임이 인정되려면 당해 법관이 위법 또는 부당한 목적을 가지고 재판을 하였다거나 법이 법관의 직무 수행상 준수할 것을 요구하고 있는 기준을 현저하게 위반하는 등 법관이 그에게 부여된 권한의 취지에 명백히 어긋나게 이를 행사하였다고 인정할 만한 특별한 사정이 있어야 한다(대법원 2003. 7. 11 선고 99다24218 판결 등 참조).

공무원은 신이 아니므로 실수를 할 수 있다. 그리고 그 실수로 국민에게 손해를 입혔다면 국가가 배상 책임을 진다. 그런데 판사는 실수해도 국가가 책임질 수 없다는 것이다. 물론 법관의 판결에는 결과가 나중에 뒤바뀐다고 해도 실수라고 치부할 수 없는 영역이 존재한다. 그러나 누가 봐도 말이 안 되는 잘못에 대해 '현저하게, 명백히, 특별한'이라는 단어를 써가며 면죄부를 주는 것은 너무 억지스럽다.

판사는 한 사람의 인생을 좌지우지할 만한 판결을 선고할 권한을 국민에게 위임받았다. 그렇다면 그 권한을 행사할 때 더 엄격해야 하고, 실수를 했을 경우 더 철저하게 책임져야 한다.

하지만 '다른 공무원과 같은 기준으로 그 책임을 묻는 것이 아니라 더 엄격한 기준을 충족해야만 책임을 물을 수 있다'는 대법원 판결은 재판부 과실을 근거로 국가에 책임을 묻는 국가배상 소송에 단골처럼 등장한다. 사실상 법관의 재판과 관련해서는 민사상 책임도 추궁하지 말라는 것과 다를 바 없다. 국가배상법상 요건을 법원 임의로 해석해 법관의 잘못에 면죄부를 주는 대법원 판례에 대해 현재는 헌법소원이 제기되어 있다.[20]

물론 나는 기존 대법원 판례에 따를 때도 승소할 것이라는 확신이 든다. 내가 지금껏 재판정에서 만난 수많은 판사는 피해자 명의의 처벌불원서를 부실하게 검증하지 않고 아주 꼼꼼히 철저하게 검증했기 때문이다.

이 사건 소송을 진행하면서 "법원과 싸우려 드는 것 아니냐?", "사람이면 다 실수를 하는데 너무 망신 주려는 것 아니냐?"는 질문을 많이 받았다. 그러나 앞에서 언급했듯 이 판결은 절대로 실수라 볼 수 없으며, 오히려 이 국가배상 소송이 법원의 명예를 세워주기 위한 것임을 명백히 밝힌다.

내가 아는 한 대한민국 3,000명의 판사는 그런 사람들이 아니다. 선고기일 3일 전 변호인이 제출한 지적장애인 피해자 명의 처벌불원서를 어떤 검증도 하지 않고 그대로 인정해줄 사람들이 아니다. 처벌불원서를 제출한 변호인이 지원장 출신 변호사라고 하더라도 절대로 눈감아줄 사람들이 아니다.

이 사건 재판부가 이런 잘못을 한 이유에 관련해 3년 넘게 재판을 이어나가고 있지만 아무런 답변을 듣지 못했다. 당시 법관들을 증인으로 세워 물어보겠다는 요청도 거절당했고, 국가가 항소심 마지막 시점이었던 2020년 11월 23일 소송 수행자를 통해 제출한 답변서를 통해 확인한 내용은 다음과 같다.

이 사건 처벌불원서에는 피해자의 서명, 무인 등이 있고 변호인이 제출했다는 점에서 그 진정성립(문서나 사실이 맞다고 확인하는 것)을 인정할 만한 서면이라고 판단했을 것입니다.

도대체 판사는 왜 처벌불원서 검증 절차를 제대로 진행하지 않은 것일까? 지구 끝까지 가더라도 반드시 대답을 들어야겠다고 시작한 이 싸움은 결국 2021년 6월 24일 대법원 판결로 패소 확정되었다. 그 질문에 대한 답은 국가배상 소송 과정을 통해서도 끝내 받지 못했다.

07

피해자가 받은 정신적 충격을 금전적으로 위로한다는 위자료 제
도 자체가 상식에 부합하지 않는 것이 아닐까?

국가배상 사건 위자료,
재판부마다 들쭉날쭉

1심(서울중앙지방법원 2018가합586347 장애인차별행위중지 등)

피고가 원고들에게 장애인차별금지법에서 정한 차별 행위를 하였음은 앞서 본
바와 같고 원고들이 피고의 위와 같은 차별 행위로 정신적 고통을 입었음은 경
험칙상 명백하므로 피고는 원고들에게 장애인차별금지법 제46조에서 정한 손
해배상을 지급할 의무가 있으며, 원고들의 거래 기간, 예금 거래 제한의 정도 등
이 사건 변론에 나타난 모든 사정을 고려하면 피고가 원고들에게 지급할 위자료
는 원고들에게 각 50만 원으로 정함이 상당하다.

2심(서울고등법원 2019나2041059 장애인차별행위중지 등)

(중략) 원고들의 예금 거래 기간, 예금 거래 제한의 정도 등 이 사건 변론에 나타

난 모든 사정들을 고려하면, 피고가 원고들에게 지급할 위자료는 각 20만 원으로 정함이 타당하다.

1심에선 50만 원이었던 위자료, 그마저도 2심에서는 20만 원으로 더 깎였다?

위자료 20만 원. 이건 위로일까, 모욕일까?

'불법 행위로 인하여 생기는 손해 가운데 정신적 고통이나 피해에 대한 배상금.'

위자료(慰藉料)에 대한 사전적 정의다. 보통 손해라고 하면 떠오르는 건 재산상 손해다. 예를 들어 횡단보도를 건너다 갑자기 밀고 들어오는 차에 치여 병원에 입원한 경우, 병원비와 치료받는 기간 동안 일을 하지 못해 잃은 소득은 재산상 손해에 해당한다.

사고 이후 횡단보도를 건널 때마다 마음을 졸이는 등 정신적 고통은 일정 기간 지속되기 마련인데, 이러한 정신적 고통에 금전적으로나마 위로와 도움을 주자고 만든 것이 위자료 제도다.

현행 민법 제751조에는 '재산 이외의 손해의 배상'이라는 제목으로 신체, 자유 또는 명예를 해하거나 기타 정신상 고통을 가한 자는 재산 외의 손해에 대해서도 배상할 책임이 있다고 규정한다. 즉 위자료 청구의 근거를 두고 있다. 그러나 위자료 산정 기준에 대해서는 규정이 없다. 그렇다 보니 법원에서 인정하는 위자료 액수가 과연 적정한지 논란이 될 때가 종종 있다.

위자료 2,000만 원, 모욕적 승소?

코로나19라는 감염병이 발생하기 5년 전 우리 마음을 졸이게 했던 감염병인 메르스를 기억할 것이다. 코로나19는 세계적 대유행(팬데믹)이라 1일 감염자 숫자만 공개되지만 메르스 국내 감염자는 186명이었기에 첫 번째 환자부터 186번째 환자까지 언론에 공개되었다. 그중 80번째 환자는 우리 기억에 오래 남아 있다. 완치 판정을 받고 퇴원했다가 다시 양성으로 확인되면서 마지막 메르스 환자가 되었다. 이후 약 6개월 동안 격리되어 있던 중 기저 질환이 악화되어 결국 숨졌다.

유족은 국가배상 소송을 제기했다. 보건 당국의 방역 실패로 가족인 80번 환자가 메르스에 감염되었고, 격리 기간 동안 기저 질환 치료에 집중할 수 없어 사망에 이르렀으니 국가가 감염과 사망에 책임을 져야 한다고 주장했다. 이에 2020년 2월 법원은 보건 당국의 방역 실패로 80번째 환자에게 메르스가 전파되었기에 그 감염에 국가가 책임을 져야 한다고 판결했다. 다만 사망에 대한 국가 책임은 인정하지 않았고, 국가가 배상해야 할 위자료 액수를 2,000만 원으로 한정했다.

유족은 언론 인터뷰에서 모욕적인 승소였다며 울먹였다. 감염에 대한 책임만 인정되고 죽음에 대한 책임은 인정되지 않은 데 대한 안타까움을 표현한 것이었지만, 법원에서 인정한 위자료 액수 또한 유족을 위로하기에는 턱없이 부족하다는 생각을 지울 수 없다.

법원에서 선고되는 국가배상 위자료 액수로 피해자들이 위로가 아닌 모욕이라는 또 다른 고통을 받는 건 이 사건만이 아니다.

정신적 피해보상은 얼마가 적절할까

노인 및 정신장애인은 다가올 미래에 대비해 법원에서 한정 후견 결정을 받고 있다. 스스로 의사 결정을 하지 못할 경우를 대비하기 위한 것으로 정부도 공공 후견 제도를 통해 이 제도를 이용할 것을 독려한다.

법원의 후견 결정이 내려지면 30일 합산 100만 원 이상의 거래의 경우 후견인의 동의를 받도록 하고, 300만 원이 넘는 거래는 법원의 허가를 받도록 하고 있다. 당사자를 보호하기 위한 조치다. 다만, 30일 합산 100만 원 미만의 거래는 이전과 동일하게 아무런 제한을 받지 않도록 했는데, 보호도 중요하지만 일상생활에서 누리는 소소한 행복을 빼앗을 수 없기 때문이다.

그런데 앞에서도 언급했듯 2018년 2월 후견 결정을 받은 18명의 정신장애인이 우체국은행에서 비대면 거래를 금지당했다. 단돈 1만 원을 인출하려 해도 은행 영업시간에 창구를 찾아가야 했고, 현금인출기, 체크카드 사용이 불가능하기에 밤이나 주말에는 은행에 있는 돈을 아예 사용할 수 없었다. 30일 합산 100만 원 미만의 거래의 경우 단독으로 거래할 수 있도록 한 후견 결정문을 들이밀어도 소용없었다.

결국 그들은 정부 운영 우체국은행의 장애인 차별 행위를 중지해달라고 2018년 11월 국가를 상대로 소송을 제기했다. 1심 재판부에 이어 2020년 11월 항소심재판부는 정부가 운영하는 우체국은행의 장애인 차별을 인정했다. 항소심 진행 중인 2020년 6월 뒤늦게나마 우체국은행은 당사자들의 비대면 거래를 가능하게 하는 등 개선방안을 내놓았지만, 우체국은행의 장애인 차별로 정신장애인들이 2년 4개월 동안 겪은 아픔을 말로는 다 표현할 수 없을 것이다.

후견 종류별 금융 업무 가능 범위 명확화(18년 중) [21]

〈현황〉

□ 후견 제도에 따라 특정 후견을 받은 경우, 금융 업무를 직접 수행할 수 있으나 실제 창구에서는 거절되는 경우가 많음.

※ 주요 피해 사례

성년 후견제의 한 종류인 특정 후견을 받은 지적3급 장애인이 직접 체크카드를

발급 신청했으나 거절했음. (2016년 9월)

시각장애인(활동 보조인 동행)이 대출을 받기 위해 은행을 방문했으나, 은행 직원이 장애인에게 성년 후견인과의 동행을 요구. (2017년 7월)

〈개선 방안〉

□ 후견 종류별로 직접 처리할 수 있는 금융 업무와 후견인의 도움을 받아야 하는 업무를 명시. (장애인 응대 매뉴얼)

　　2018년 장애인의 날을 맞이해 열린 '장애인 금융 개선 간담회'에서 논의되었다고 금융위원회가 배포한 보도 자료에 담긴 내용이다. 그러나 금융위원회가 2018년 중 추진하겠다고 장애인들에게 약속한 개선 방안은 2021년 현재까지 시행되지 않고 있다. 이런 상황에서 우체국은행에서 수년간 차별당한 장애인들이 입은 정신적 피해를 보상할 위자료는 과연 얼마가 적정할까?

　　1심 재판부는 피해 장애인들의 위자료로 1인당 50만 원을 인정했다. 항소심 재판부는 50만 원에서 30만 원을 감한 20만 원을 위자료로 인정했다. 20만 원은 피해 장애인들에게 위로가 되었을까? 아니면 또 다른 고통을 주었을까?

현행 위자료 제도, 바꿀 수는 없을까?

피해자에게 위로는커녕 고통을 주는 위자료 판결을 보니 이런 생각이 들었다.

'피해자가 받은 정신적 충격을 금전적으로 위로한다는 위자료 제도 자체가 상식에 맞지 않는 것이 아닐까?'

돈이면 다 되는 세상이라고들 하지만 국가가 자신의 잘못으로 상처를 입은 국민들에게 위자료 몇 푼 주고 어물쩍 덮으려는 건 정말 비상식적인 일이다. 국가배상 책임이 인정되는 경우 정신적 고통을 위자료로 배상하는 제도 외의 방법을 고민해볼 때다.

장애인 차별 사건의 경우 이런 모습을 상상해본다. 지금까지 장애인 차별 행위를 감행한 우체국은행의 책임자 우정사업본부장이 피해 장애인들에게 사과하고 장애인들을 우체국은행에 초대해 체크카드를 직접 개설해주면 어떨까? 개선 방안으로 2018년 중 만들겠다는 장애인 응대 매뉴얼을 제대로 작동시키지 못한 금융위원장이 피해 장애인들에게 사과하고, 뒤늦게나마 장애인 응대 매뉴얼을 만들었다고 알려주면 어떨까? 20만 원싸리 위자료와는 비교할 수 없을 만큼 피해자들에게 진정한 위로를 줄 수 있지 않을까?

국가배상 소송뿐만 아니라 위자료 액수를 그저 판사의 판단에 맡기는 것이 타당한지 의문이 들 때가 많다. 산재 사망 피해자 유족이 사업주를 상대로 제기한 소송에서 위자료 기준이 1억 원인 것도, (다음 글에서 살펴볼) 공익 신고자(사회복지사)에 불이익을 준 사회복지 법인을 상대로 위자료 5,000만 원을 청구한 사안에서 인정된 위자료 가 500만 원뿐이었던 것도 마음에 남는다.[22]

위자료 액수의 기준을 만든다는 건 쉬운 일이 아니겠지만 그래 도 국민들이 예측하고 납득 가능한 기준을 만들어야 하지 않을까? 들쭉날쭉한 형사재판 양형에 대한 기준을 만들어가는 국민 참여 양 형위원회처럼, 위자료도 일정한 기준을 만들어가는 국민 참여 기구 를 구성해야 하지 않을까?

08

우리는 공익 신고를 고민하는 국민에게 현행법과 제도로 당신은
보호받을 수 있으니 용기를 내라고 말할 수 있을까?

공익 신고자를
지키지 못하는 법과 판결

"나아가 그 위자료 액수에 관하여 살피건대, 원고가 스테이플러 작업장에 배치
된 기간, 원고에 대한 인사위원회 개최가 비록 이루어지지는 않았고, 이를 공익
신고자보호법에서 금지한 불이익 조치나 원고에 대한 불법 행위라고는 볼 수 없
다고 하더라도 이로 인하여 원고가 국가인권위원회에 긴급 구제 신청을 하는 등
의 고충을 겪은 점, 그 밖에 공익신고자보호법 제29조의 2 제2항이 정하는 법원
이 배상액을 정함에 있어 고려하는 사정 등 이 사건 변론에 나타난 모든 사정을
참작하여 그 액수를 500만 원으로 정한다."

– 수원지방법원 성남지원 2020. 10. 21 선고 2019가단 217413 사건 판결문 해
당 부분

공익 신고를 하고 큰 불이익을 당해 일상이 무너졌는데 위자료가 겨우 500만 원이라면, 이런 결과를 미리 알았다면 당신은 공익 신고를 할 마음을 먹을까?

공공의 이익을 위해 내부 문제를 드러내는 사람

전 세계를 공포에 빠뜨리고 있는 코로나19의 위험성을 최초로 알린 사람은 중국 우한 중앙병원 안과 의사이던 리원량으로 알려졌다. 그는 코로나 바이러스의 위험성을 알렸다는 이유로 공안에 끌려가 '유언비어를 퍼뜨려 대중을 현혹했다'는 취지의 훈계서 작성을 강요당했다. 결국 훈계서를 쓰고서야 간신히 풀려났다. 그러나 결국 2020년 2월 자신이 위험성을 알린 바로 그 바이러스 때문에 사망했다.

그는 코로나19의 내부 고발자로 평가받고 있다. 내부 고발자란 공공의 이익을 위해 내부 문제를 드러내는 사람이다. 영어로 휘슬 블로어(whistle blower)인데, '휘슬'은 호루라기, '블로어'는 부는 사람, 즉 호루라기를 부는 사람을 뜻한다. 내부 고발자는 공동체를 위기에서 지켜내는 영웅으로 평가받기도 하지만, 내부 문제를 숨기려는 사람들에게는 눈엣가시 같은 존재로 여겨져 고초를 당하기도 한다. 리원량처럼 말이다.

사람과 사람이 모여 사는 사회에는 여러 문제가 발생하게 마련이다. 처음 문제를 감지한 사람이 자유롭게 호루라기를 불고, 그 호루라기 소리에 경각심을 갖고 즉각 문제를 해결하기 위해 뛰어든다면 그 문제는 걸림돌이 아니라 더 건강한 사회로 나아가도록 해주는 디딤돌이 될 것이다.

그런데 여기서 두 가지 의문이 생긴다. 과연 우리 사회는 공익 신고자를 보호하고 있는가? 법원은 공익 신고자 보호에 관련해 얼마나 신중한 판단을 하고 있는가?

공익 신고로 인한 피해

2017년부터 4년째 공익 신고로 인한 피해를 배상받기 위해 힘겨운 싸움을 이어나가고 있는 사회복지사가 있다. 사회복지사 A씨는 2014년 3월부터 장애인 거주 시설 및 직업 재활 시설을 운영하는 사회복지법인에 입사해 2017년 10월까지 특별한 문제없이 근무했다. 그런데 같은 해 11월경 국가인권위원회에 참고인으로 출석해 조사를 받은 후부터 사회복지법인은 A씨를 인권위 제보자로 의심해 각종 불이익을 주었다.

법인이 생산하는 커피 품질에 문제가 발생하자, 함께 일한 직원들은 세외하고 커피 생산 근로 장애인을 보조하는 A씨에게만 시말서를 내게 했다. 또 커피 생산 업무를 맡던 A씨를 스테이플러 작업장에 배치해, 스테이플러 심을 2개씩 겹쳐 상자에 넣는 단순 업무를 하도록 했다.

이뿐만이 아니었다. 사회복지법인은 A씨에게 '복무 규정 위반, 인사 관리 규정 위반'을 이유로 징계위원회에 출석하도록 했고, 출석 통지서에는 '시설에서 부당 대우를 받는다고 인권위에 전달한 적이 있고, 내부적으로 해결할 수 있는 부분임에도 외부 기관에 전달해 기관의 명예를 실추시켰다'고 명시했다.

경기도장애인인권센터 등 여러 시민 단체가 징계 절차를 중단하라고 지적하자, 사회복지법인은 인권위 관련 내용은 빼고 근무 태도 등을 문제 삼아 출석 통지서를 재차 발송했다.

결국 국가인권위원회가 사회복지법인에 A씨에 대한 신분이나 처우와 관련한 불이익 조치를 중지할 것을 권고하는 긴급 구제 결정(18긴급400)을 내린 뒤에야 징계 절차가 중단되었다.

공익 신고자 불이익 후 가해자 처벌과 손해배상은?

그러나 국가인권위원회의 권고로 중단된 건 인사위원회 절차뿐, A씨는 사회복지법인에서 계속 불이익을 받았다. 결국 A씨는 2018년 4월 사직한 후 공익신고자보호법 위반으로 사회복지법인과 불이익에 가담한 가해자들을 고발했다.

이후 공익신고자보호법 위반으로 수사가 진행되었지만, 수원지방검찰청 여주지청은 사회복지사 A씨가 받은 여러 불이익 중 'A씨의 의사에 반해 비선호 부서인 스테이플러 작업장에 배치했다'는 부분만 공익신고자보호법 위반으로 기소했다. 또 불이익을 준 직원들이 공모했을 가능성이 높다는 강한 의심이 들긴 하나 범행을 부인하는 만큼 단순히 의심이 된다는 것만으로 공모했다는 사실을 인정하기 어렵다며 사회복지법인과 법인이 운영하는 쉼터 원장만 기소했다.

2018년 12월 검찰이 벌금 200만 원으로 약식기소한 사건에 대해 사회복지법인은 무죄를 주장했고, 2019년 10월이 되어서야 벌금 200만 원이 확정되었다.

A씨는 사건 발생 당시 받은 충격으로 수년간 일해온 사회복지사 일을 그만두고 택배 일을 통해 생계를 이어나가는 등 회복할 수 없는 피해를 입었기에 2019년 7월 위자료 5,000만 원의 지급을 구하는 손해배상 소송을 시작했다.

함께 일한 동료들을 증인으로 신청하면서까지 당시 사회복지법인에서 받은 불이익과 그 때문에 받은 정신적 충격을 입증하려 노력했지만, 판결문에 나와 있듯 법원은 A씨가 청구한 위자료 5,000만 원의 10분의 1인 500만 원만 인정했다.

국가인권위원회에 참고인으로 조사받은 후 사회복지법인에서 받은 불이익으로 A씨의 삶은 송두리째 흔들렸다. 국가인권위원회가 개입했지만 그 불이익을 막아내지 못했다. 공익신고자보호법이라는 법과 제도가 있음에도 그런 불이익을 당했다는 것이 더 마음을 무겁게 한다.

A씨로 하여금 직장을 떠나게 한 사회복지법인이 그 대가로 지

불한 금액은 단돈 700만 원으로 벌금 200만 원에 위자료 500만 원이다. 과연 이 정도 대가만으로 공익 신고자 불이익을 막을 수 있는지 의문이 든다.

2017년 11월로 돌아가보자. 사회복지사 A씨에게 참고인으로 조사받으러 와달라고 한 국가인권위원회는 그날 이후 A씨에게 가해질 불이익 조치 후 사회복지법인이 치러야 할 대가가 700만 원에 불과하다는 사실, 현행법과 제도로는 공익 신고자를 보호해줄 수 없다는 현실을 제대로 고지했을까? 우리는 공익 신고를 고민하는 국민에게 현행법과 제도로 당신을 보호할 수 있으니 용기를 내라고 말할 수 있을까?

정식으로 공소를 제기하지 않고 약식으로 기소한 검찰, 검찰 의견대로 벌금 200만 원 그대로 선고하고 관련 손해배상 소송에서 500만 원 위자료만 인정한 법원. 공익 신고자 보호에 최선을 다했다고 할 수 있을까?

공익 신고자에게 불이익을 주는 행위를 막기 위해서는 이에 대한 대가를 톡톡히 치른다는 것을 확실히 주지해줄 필요가 있다. 수사기관은 불이익을 준 가해자를 엄정하게 수사해 기소해야 할 것이고, 법원 또한 솜방망이 처벌로 면죄부를 줄 것이 아니라 엄격한 처벌을 해야 할 것이다.

아울러 공익신고자보호법은 제29조의 2(손해배상책임) 규정을 신설해 공익 신고자에게 발생한 손해에 대해 3배 이하의 범위에서 배상책임을 지게 하는 징벌적 손해배상 제도를 2017년 10월 31일에 도입했다. 앞선 사례처럼 공익 신고자가 입은 손해는 재산뿐 아니라 정신적 면까지 영향을 주므로 법원은 손해배상 소송에서 그 액수를 정하는 데 있어 새로 도입된 징벌적 손해배상 제도를 적극 활용해야 할 것이다.

다행히 민사항소심에서 위자료가 500만 원 증액되어 인정된 위자료 액수는 1,000만 원에 이르렀다. 그러나 공익신고자가 입은 손해를 회복하기에는 턱없이 부족한 금액이다.

우리 사회에는 논란이 되는 판결이 많다.

가해자와 피해자의 사정도 함께 고려해야 하고,

처벌과 사회 복귀, 보호 중 어디에 초점을 맞추어야 할지도 중요하다.

이럴 때일수록 재판부의 역할이 중요하다.

법이 그러하기에 어쩔 수 없었다는 식의 변명은 더 이상 통하지 않는다.

법원이 자신의 재량을 제대로 행사하지 않는다면 논란은 계속 이어질 것이다.

4장

쉽게 편들 수 없는
논쟁의 판결,
그리고 법

국가가 범행을 저지른 아이들을 보호해서 사회에 복귀시킬 방법을 좀 더 고민해야 하지 않을까.

"그들은 아이가 아닌 악마"라고 말하는 사람들

초등학교 2학년 아이들이 벌인 학교 폭력

초등학교 2학년인 자녀가 학교 폭력 피해를 당했다고 호소하는 부모를 상담한 적이 있다. 아홉 살짜리 아동이 학교 폭력 피해자라는 사실도 충격적이었는데, 가해 학생들이 한 행동에 경악했다.

아이를 괴롭힌 건 같은 반 학생들이었다. 이 아이가 한 아이와 격투기를 하게 했고. 다른 아이는 이 격투기 장면을 영상에 담았다. 그리고 또 다른 아이는 영상을 보며 중계를 했다. 이후 같은 반 아이들과 영상을 돌려보다가 적발된 것이다.

그 영상을 보고 한참 동안 충격에서 벗어나지 못했다. 아이들이 TV 속 격투기 경기 장면에 너무 많이 노출된 탓일까? 아홉 살짜리 아이들이 한 범행이라고는 생각할 수 없는 일이 벌어졌다. 결국 아이 부모는 가해 학생 부모를 상대로 소송을 제기했고 일정한 위자료를 받는 것으로 조정이 성립되었다.

하지만 아홉 살짜리 아이들은 학교폭력자치위원회가 열렸다고 해도 형사처벌은 받지 않는다. 법원에 가서 재판을 받을 일도 없다. 아홉 살이라는 이유에서다.

한 아파트 옥상에서 벌어진 일

10대 학생들이 벌이는 범죄가 갈수록 흉악해지고 있다. 2018년 11월에는 인천의 한 아파트 옥상에서 집단 폭행을 피하다가 추락해 숨진 10대 중학생 사건이 세상에 알려졌다. 피해 중학생은 어릴 때부터 외국 국적의 엄마랑 사는 외국인이라고 놀림당하며 학교생활에 많은 어려움을 겪었다는 사실까지 알려지면서 많은 이의 안타까움을 샀다.

이 사건과 관련해 라디오방송(MBC 〈시선집중〉, 2018년 11월 19일) 인터뷰에 출연한 나는 진행자에게 이런 질문을 받았다.

"최근 이렇게 미성년자가 가해자가 되는 사건이 여러 건 발생했습니다. 그렇기 때문에 아무리 미성년자라고 해도 강력하게 처벌해야 한다, 소년법을 개정하자는 얘기도 계속 나옵니다. 어떻게 보시나요?"

우리 사회에 실제로 이런 목소리가 존재한다.

"형사처벌이 가능한 연령을 더 낮추어야 한다."
"소년범이라고 봐주는 현행법으로서는 소년범죄를 막을 수 없다."

현행 형법상 만 14세 미만인 경우 형사처벌을 받지 않는다. 만 14세에 이르지 않은 미성년자는 살인 등 극악한 범죄를 저질러도 형사처벌을 받지 않는데, 다만 10세 이상인 경우 촉법소년으로 분류해 일반 형사사건이 아닌 소년법상 보호사건으로 심리한다.

또 살인죄 등 강력 범죄를 저질러도 18세 미만인 소년에 대해서는 사형 또는 무기형을 선고할 수 없다. 사형, 무기형을 선고할 경우 20년의 유기징역에 처하도록 하고, 유기징역을 선고할 경우 장기와 단기를 정해 선고하게 되어 있는데, 장기는 15년, 단기는 7년을 초과하지 못한다. 우리 법은 이처럼 소년법 특례조항을 두고 있다(소년법, 특정 강력 범죄의 처벌에 관한 특례법). 만 18세에 이르지 않은 미성년자에게 법률상 '소년'이라는 명칭을 부여하고 특별 취급하는 것이다. 그 이유는 소년법 제1조 목적조항을 보면 알 수 있다.

소년법 제1조(목적): 이 법은 반사회성(反社會性)이 있는 소년의 환경 조정과 품행 교정(矯正)을 위한 보호처분 등의 필요한 조치를 하고, 형사처분에 관한 특별 조치를 함으로써 소년이 건전하게 성장하도록 돕는 것을 목적으로 한다.

그래서 나는 진행자의 질문에 이런 교과서 같은 답을 제시할 수밖에 없었다.

"사실 이 부분은 굉장히 조심스러운 것 같습니다. 소년법이라는 게 사실 소년을 처벌하자는 것이 아니라 어떻게 보호해서 사회로 돌려놓을 것인가를 다루는 법이니까요. 과연 소년범을 향한 엄벌주의가 궁극적인 해결 방안인지에 대해서는 의문을 제기하고 싶습니다. 국가가 범행을 저지른 아이들을 보호해서 사회에 복귀시킬 방법을 좀 더 고민해야 하지 않을까 싶습니다."

실제 피해자를 대리하며 드는 고민

2020년 4월 19일 새벽 4시쯤 집 주변 골목에서 중학교에 다니는 지적장애 아동이 또래 아동 2명에게 심한 폭행을 당한 사건이 언론에 보도되어 세상에 알려졌다. [23]

"그 애가 나를 두고 기분 나쁜 말을 했다"는 게 폭행 이유였다. 2명의 가해 아동이 피해 학생을 심하게 폭행했는데, 특히 머리를 집중적으로 맞은 피해 아동은 뇌수술을 받았고, 사건 발생 열흘이 지난 뒤에야 간신히 의식을 회복했다. 사건 이전에 지적장애(3급)임에도 친구들과 잘 어울리고 달리기를 하거나 노래를 부르고 춤을 추는 등 또래 학생들과 별반 다르지 않은 생활을 해왔다. 그러나 이 사건 후

유증으로 부축하는 사람이 없으면 잘 걷지도 못하고 혼자 서 있다가 넘어지는 등 신체적으로 심각한 후유장애를 겪게 되었다.

발달이 조금 지연되기는 했지만 중학생과 어울려 학교에 다닐 정도의 사회성과 지능을 갖춘 아이가 하루아침에 초등학생 이하 수준으로 퇴보된 것을 본 부모님의 충격과 상처를 어떻게 상상할 수 있겠는가?

피해 학생 대리인으로 형사사건 진행 과정을 함께하며 그 충격과 상처를 조금이나마 경험할 수 있었다. 이런 큰 피해를 입혔으면서도 가해 학생 부모는 피해자를 찾아와 치료비를 지급하는 등의 성의를 보이지 않았다. 피해 아동 부모는 가해자를 엄격하게 처벌하기를 바란다는 탄원서를 제출했지만, 결국 가해 아동 1명에게는 징역 3년 6월, 다른 1명에게는 소년부 송치(형사처벌을 면하고 가정법원 소년부에서 심리하라는 결정)가 선고되었다.

선고 결과에 가슴 아파하는 부모를 위해 내가 해줄 수 있는 건 피해 학생 대리인으로 1심 결과에 대해 공판 검사에게 의견을 개진하는 것이었다. 공판 검사는 피해 학생 부모의 의견 등을 반영해 1심 판결 결과에 항소했다.

촉법소년 범죄를 막기 위한 방안

2020년 3월 새벽 대전에서 훔친 렌터카를 타고 도주하다 청년을 치어 사망하게 한 10대 청소년 가해자 8명을 엄중 처벌해달라는 국민청원이 있었고 100만 명 넘는 국민이 동의해 청와대 답변을 이끌어냈다. 청와대 디지털소통센터장이 청원에 답하며 이런 말을 남긴 것이 기억에 남는다. [24]

정부는 소년법 개정과 관련된 네 차례의 공청회와 여섯 차례의 국민청원 답변을 준비하는 과정에서, 대다수 전문가가 소년범에 대한 처벌 강화가 소년의 재범률을 낮추는 데 효과적인 수단이 아니라고 지적했고, 촉법소년 연령을 낮추는 것이 범죄 감소로 이어졌다는 해외 사례를 찾을 수도 없었습니다.

참고로 지난 2010년 촉법소년에 대한 형사처벌 문제가 뜨거운 사회 이슈로 부각된 덴마크의 사례를 간략히 소개하겠습니다. 덴마크는 형사미성년 연령을 15세에서 14세로 하향 조정한 바 있습니다. 그러나 형사미성년 연령을 낮춘 직후 형사처벌을 받은 14세 소년의 재범률이 오히려 증가하는 부작용이 발생했습니다. 또 기대했던 전체 소년범죄 감소 효과도 없었다고 평가하고 결국 2012년 형법을 개정해 형사미성년 연령을 다시 15세로 상향 조정했습니다.

또 UN 아동인권위원회에서는 우리나라 촉법소년의 형사처벌 문제와 관련해 현행 14세인 한국의 형사미성년 연령을 낮추지 말 것을 권고한 바 있고, 국가인권위원회에서도 동일한 의견을 표명했습니다.

촉법소년에 대한 형사처벌 면제에 대해 보호인가 면죄부인가, 하는 논란은 계속되고 있다. 2021년 1월 대낮 지하철 안에서 노인 승객을 폭행하는 장면을 담은 영상이 인터넷에 유포되어 국민들의 공분을 샀다. 가해 학생 일행이 직접 촬영해 올린 이 영상에는 한 학생이 여성 노인의 목을 조르고 바닥으로 넘어뜨리며 심한 욕설을 주고받는 모습이 고스란히 담겨 있었다.

또다시 촉법소년 제도를 폐지하자는 목소리가 높아지고 있다 (2022년 10월 법무부는 촉법소년 연령을 기존 14세에서 13세로 하향하는 법 개정을 추진하겠다고 밝혔다). 그러나 법원에서 발표하는 〈사법 연감〉 (2020)에 따르면, 전산 입력으로 추출 가능한 범위에서 3,667건의 행위 원인을 분석한 결과 소년범죄의 원인 중 우발이 1,676건, 호기심이 1,196건으로 대다수를 차지했다. 그렇기에 청소년이 호기심과 우발적으로 범한 범행에 대해 엄벌에 처한다는 것은 신중한 검토가 필요한 영역이다. 무작정 처벌하기보다는 다른 대안이 필요하지 않을까?

호기심으로 시작한 소년범죄가 재범으로 이어지지 않는 것이 중요할 텐데, 국민들은 현행 소년 사법제도가 제대로 작동되는지 매우 우려하고 있다. 재범을 방지하기 위해서는 처벌만이 능사가 아니라 세밀한 정책을 펼쳐야 한다. 세계 각국은 회복적 사법(restorative justice)이라는 관점에서 이 문제에 접근한다.

행위 원인별 소년 범죄 이유

합계	3,667
생활비 마련	282
유흥	173
허영	20
사행심	93
가정불화	23
호기심	1,196
유혹	113
우발	1,676
현실 불만	54
모방	-
정신 결함	-
취중	1
보복	36

보통 범죄의 재발을 방지하기 위해서는 엄격한 처벌이라는 관점에서 접근한다. 그게 바로 응보적 사법(punitive justice)이라는 개념이다. 그러나 소년범에 대해서는 응보적 사법 관점으로 접근해서는 재범 방지 효과를 보지 못하고 있다. '소년 재판 호통 판사'로 잘 알려진 천종호 부장판사가 한 언론과 나눈 인터뷰에서 한 말이 마음에 남는다.

"아이들은 처벌 뒤에도 '왕따'가 되기 싫어 무리로 돌아가 다시 비행을 저지르는 경우가 많다."

그리고 아이들을 나무에 비유하며, 나무도 10년간 한쪽으로만 휘어서 자랐다면 그걸 바꾸는 데 또다시 10년이 걸리는 것처럼 아이들도 망가진 세월만큼 오랜 기간 관심을 두고 회복할 수 있게 도와줘야 한다고 강조했다.[25]

회복적 사법이란 범죄자와 피해자의 자발적인 참여와 대화를 통해 화해를 도모하는 갈등 해결 절차로 재범 방지 및 피해 회복에 긍정적 효과를 발휘하는 것으로 평가된다. 이러한 제도의 일환으로 2007년 12월 21일 개정 시 신설된 조항이 바로 화해권고 조항이다.

제25조의 3(화해권고)

① 소년부 판사는 소년의 품행을 교정하고 피해자를 보호하기 위하여 필요하다고 인정하면 소년에게 피해 변상 등 피해자와의 화해를 권고할 수 있다.

② 소년부 판사는 제1항의 화해를 위하여 필요하다고 인정하면 기일을 지정하여 소년, 보호자 또는 참고인을 소환할 수 있다.

③ 소년부 판사는 소년이 제1항의 권고에 따라 피해자와 화해하였을 경우에는 보호처분을 결정할 때 이를 고려할 수 있다.

[본조 신설 2007. 12. 21]

피해자가 돌이킬 수 없을 정도로 큰 피해를 입었다면 그 절차를 거치기는 어렵겠지만 학교 폭력 등 일반적인 사건에서는 이 절차를 거칠 필요가 있을 것이다. 피해자들은 피해를 회복하고 심리적 상처를 치유해야 하고, 가해자도 형벌 때문에 낙인이 찍히는 위험을 피하고 학교로 복귀해야 하기 때문이다.

소년 사법, 법원의 역할도 중요하다

'바늘 도둑이 소도둑 된다'라는 속담처럼 소년 시절 호기심으로 시작한 잘못이 더 큰 범죄로 이어질 가능성이 높다. 국민들은 현행 소년 사법제도가 바늘 도둑이 소도둑 되는 것을 막아내지 못한다고 우려한다. 법원은 이런 국민들의 우려를 잠재울 수 있을까?

2020년 12월, 현직 판사 한 명이 신문에 기명으로 올린 칼럼이 논란이 되었다. 'fetish(페티쉬)'이라는 제목의 칼럼에서 판사는 소년 재판 관계인인 청소년들의 외모를 자신의 이성 이상형으로 재단했던 자신을 되돌아보는 취지의 글을 기고했다.

그런데 재판을 받는 청소년들의 외모를 놓고 "생김생김은 다들 예쁘고 좋은데, 스타일이 거슬린다. 호섭이 같은 바가지 머리는 머리카락이 눈을 찌를 듯 말 듯한 곳까지 길렀다. 줄여 입은 교복은 볼품없다. 짙은 화장과 염색한 머리는 그 나이의 생동감을 지워버린다"고 표현한 것이 문제가 되었다.

한국여성변호사회는 이 칼럼에 대해 "판사가 재판받는 청소년의 용모와 스타일을 보고 때때로 부정적인 평가를 했다는 것 자체도 문제"라며 "자신이 여성을 바라보는 시각을 드러내는 글로 칼럼을 시작하며, 판사가 판사석에서 성적 대상화를 하고 있음을 유추할 수 있도록 한 것은 그 대상이 미성년자가 아니더라도 충분히 문제가 될 수 있다"고 지적했다.[26]

소년 사법제도를 운영하는 법원의 판사가 법정에 선 소년들의 외모를 평가한다는 내용의 글을 접한 국민들이 소년 사법제도를 신뢰하기는 어려울 것이다. 법원은 국민들의 우려를 잠재울 수 있도록 더 많은 노력을 기울여야 할 것이다.

02

성범죄 집행유예 사유를 보면 가해자 중심이라는 비판을 피하기 어렵다. 특히 '진지한 반성' 등이 유예 기준으로 참작된다. 하지만 피고인이 진지하게 반성하는지 어떻게 확인할 수 있는가?

성범죄, 판사들은 정말 가해자에게 관대한가

디지털 성범죄 양형, 얼마나 낮길래?

2020년 세상을 분노하게 한 n번방 사건 가해자로 포토라인에 선 조주빈이 "악마와 같은 삶을 멈추게 해줘서 고맙다"는 말을 했는데, 그 말은 더 큰 분노를 샀다.

"왜 이런 범행을 막아내지 못했을까?"

사건이 터질 때마다 등장하는 이 질문은 행정, 입법, 사법을 총망라해 관련 기관을 분주하게 했다. 행정부의 수장인 대통령은 특별수사 팀을 만들라고 지시했고, 졸업을 앞두고 한가함을 즐겼을 20대

국회도 관련 법 제정에 박차를 가했다.

비난의 화살은 검찰과 법원으로 향했다. n번방 와치맨 사건에서 3년을 구형한 검찰에 비난이 쏟아졌고, 검찰은 구형까지 마친 사건에서 매우 이례적으로 재판 연기를 요청하고 추가 조사하겠다는 입장을 밝혔다. 법원행정처 김인겸 차장이 국회 법사위에서 "예술 작품이라 생각하고 만들 수 있다"라고 한 말이 도마에 올랐고, 솜방망이 판결을 내렸던 과거 판결이 수면 위로 올라왔다. 법원은 관련 사건 양형 기준을 상향 조정하겠다는 입장을 밝혔고 2020년 12월 디지털 성범죄 양형 기준안을 마련했다.

디지털 성범죄와 관련해서는 미국 송환을 불허한 법원의 판결이 비판을 받기도 했다. 2015년부터 2018년까지 '웰컴 투 비디오'라는 세계 최대 규모의 아동 성 착취물 웹사이트를 운영하다 검거된 손정우에 대해 미국은 범죄인 인도조약에 따라 대한민국에 그의 송환을 요구했다. 그러나 서울고등법원은 손정우를 미국으로 인도하면 관련 수사에 지장이 생길 가능성을 배제하기 어렵다는 이유로 송환 요구를 기각했다.

손정우의 미국 송환 거절을 둘러싸고 비난의 목소리가 높아진 것은 대한민국 법원이 손성우의 범행에 대해 선고한 형량이 고작 징역 1년 6개월에 그쳤기 때문이다. 해당 사이트는 생후 6개월 된 영아를 대상으로 한 영상을 거래할 정도로 반인륜적이었음에도 1심 법원은 '어리고 범죄 전력이 없으며 반성하고 있다'는 이유로 징역 2년,

집행유예 3년을 선고했다. 검찰의 항소로 진행된 2심 법원도 '어린 시절을 불우하게 보냈고, 업로드는 다른 회원들이 많이 했으며, 결혼으로 부양가족이 생겼다'는 이유로 징역 1년 6개월을 선고하는 데 그쳤다.

그러나 이런 솜방망이 처벌은 피고인 손정우에게만 적용된 것이 아니다. 2018년부터 2019년까지 아동·청소년의 성보호에 관한 법률 위반으로 처벌받은 사례를 찾아보면, 법원은 가해자가 피해자와 물리적으로 접촉하지 않았거나 성범죄 전력이 없는 경우에는 대체로 실형을 선고하지 않았다. 손정우를 재판한 1심 판사가 집행유예를 선고한 것이 이례적이지 않다는 것이다.

성범죄에 관한 양형

판사마다 들쭉날쭉한 형량에 대해 일정한 기준을 만들자는 목소리가 모여 대법원 산하에 양형위원회가 구성되었다. 2009년 7월 1일 처음 시행한 이후 양형위원회에서는 성범죄 양형 기준을 다섯 차례나 수정했다. 그만큼 10년 동안 성범죄 관련 판결 소식이 들릴 때마다 법원은 터무니없이 낮은 양형 문제로 많은 비난을 받아왔다.

일반적 기준에 의거할 때 10년 전에 비해 현재 기준은 1~2년 정도 늘었지만 크게 차이 난다고 볼 수는 없다. 그리고 집행유예 기준은 10년 동안 변화가 없다.

1. 일반적 기준

가. 강간죄(13세 이상 대상)

[2009. 4. 24 의결, 2009. 7. 1 시행 양형 기준]

유형	구분	감경	기본	가중
1	일반강간	1년 6월~3년	2년 6월~4년 6월	3~6년
2	주거침입 등 강간/특수강간	3~5년	4~6년	5~8년
3	강도강간	5~8년	7~10년	9~13년

[2020. 5. 18 수정, 2020. 7. 1 시행 양형 기준]

유형	구분	감경	기본	가중
1	일반강간	1년 6월~3년	2년 6월~5년	4~7년
2	주거침입 등 강간/특수강간	3년~5년 6월	5~8년	6~9년
3	강도강간	5~9년	8~12년	10~15년

다음 표에 나오는 집행유예 사유를 살펴보자. 피해자의 처벌불원을 제외하고는 가해자 중심이라는 비판을 피하기 어렵다. 특히 '진지한 반성', '사회적 유대관계가 분명', '동종 전과가 없고 집행유예 이상의 전과가 없음' 등을 집행유예 기준으로 참작한다는 데 동의할 수 없다는 국민들의 목소리가 높다.

구분		집행유예 부정적 사유	집행유예 긍정적 사유
주요 참작 사유	재범 위험성 등	• 계획적 범행 • 가학적·변태적 침해 행위 또는 극도의 성적 수치심 증대 • 특별 보호 장소에서의 범행(13세 미만 대상 성범죄인 경우) • 동종 전과(10년 이내 집행유예 이상) • 반복적 범행 • 범행에 취약한 피해자 • 위험한 물건 사용 • 윤간	• 강제추행에서 유형력의 행사가 현저히 약한 경우(13세 이상 대상) • 공범의 범행 수행 저지(적극적으로 막아섬)·곤란(소극적으로 힘들게 함) 시도 • 추행 범죄에서 추행의 정도가 약한 경우
	기타	• 성폭력법 제5조가 규정하는 형태의 범행인 경우 • 피해자가 임신한 경우 • 피해자가 중한 상해를 입은 경우	• 상해 결과가 발생했으나 기본 범죄가 미수에 그친 경우 • 처벌불원
일반 참작 사유	재범 위험성 등	• 2회 이상 집행유예 이상 전과 • 사회적 유대관계 결여 • 심신장애 상태를 야기해 범행한 경우 • 약물중독, 알코올중독 • 진지한 반성 없음	• 동종 전과가 없고, 집행유예 이상의 전과가 없음 • 사회적 유대관계 분명 • 우발적 범행 • 자수 • 진지한 반성 • 폭행·협박이 아닌 위계·위력을 사용한 경우(13세 이상 대상) • 피고인이 고령
	기타	• 공범으로서 주도적 역할 • 범행 후 증거 은폐 또는 은폐 시도	• 공범으로서 소극 가담 • 상당 금액 공탁 • 피고인의 건강 상태가 매우 좋지 않음 • 피고인의 구금이 부양가족에게 과도한 곤경을 수반

이런 문제 제기는 2020년 12월 만든 디지털 성범죄 양형 기준에 일부 반영되었다. 기존 판결을 보면 수천 건의 성 착취물을 유포했어도 '처벌 전력 없음'을 감경 요소로 삼았다. 그러나 양형 기준에는 '형사처벌 전력 없음'을 다음과 같이 정의한다.

형사처벌 전력 없음
피고인이 해당 범행 전까지 단 한 번도 범행을 저지르지 아니한 경우를 의미한다. 다만, 불특정 또는 다수의 피해자를 대상으로 하거나, 상당한 기간에 걸쳐 반복적으로 범행한 경우는 제외한다.

그러나 '진지한 반성'이라는 항목은 디지털 성범죄 양형 기준에도 계속 포함되었다. 반성이 진지한지 여부는 충실한 양형 심리를 기초로 판단할 수 있다는 게 그 이유였다. 하지만 피고인이 진지하게 반성하는지 판사가 어떻게 확인할 수 있을까? 많은 경우, 피고인의 반성이란 형식적 반성문으로 대체되는데, 구치소 내에 대가를 받고 반성문을 써주는 사람이 있다는 이야기가 있는 만큼 반성문만으로 진지한 반성 여부를 판단할 수 있을지 의문이다.

피해자의 피해 회복을 위한 노력만이 진지한 반성이 아닐까? 금전적 배상이 전부는 아니지만 아무런 피해배상이나 피해 회복 조치 없이 반성문만 제출하는 것을 '진지한 반성'이라고 볼 수 없을 텐데, 굳이 진지한 반성을 양형과 집행유예 사유로 삼는 법원이 지금껏 솜방망이 처벌을 해온 데 대한 진지한 반성을 하고 있다고 생각하는 국민은 없을 것이다.

논란이 된 레깅스 판결

자신의 의사에 의해 드러낸 신체 부분이라 하더라도, 이를 본인 의사에 반해 함부로 촬영할 경우 성적 수치심을 유발할 수 있다.

대법원이 이른바 '레깅스 몰카' 사건 피고인에게 무죄를 선고했던 항소심(2심) 판단을 뒤엎었다.

레깅스 몰카 사건이란 2018년 5월 한 남성이 버스에서 레깅스를 입은 여성의 하반신을 약 8초간 몰래 촬영하다 적발된 사건이다. 피고인은 성폭력 범죄의 처벌 등에 관한 특례법 위반(카메라 등 이용촬영)으로 기소된 바 있다. 1심에서는 벌금 70만 원의 유죄를 선고했는데, 항소심은 무죄판결을 선고한 것이다.

이 사건은 항소심에서 무죄판결이 났다는 결과도 그렇지만 당시 재판부가 작성한 판결문 자체에도 문제가 있다는 논란을 불러왔다. 피고인이 불법 촬영한 사진을 피해자의 동의 없이 판결문에 게재했기 때문이다. 이를 두고 무단으로 찍은 사진이 공적 기록에 그대로 남았다면서, 피해자의 인격권을 침해했다는 지적이 나왔다.

무죄판결문에 담긴 다음 문구는 보는 사람이 당혹할 정도다.

버스에서 내리기 위해 서 있는 피해자의 뒤에서 피해자를 몰래 촬영한 것이기는 하나, 피고인은 특별한 각도나 특수한 방법이 아닌 사람의 시야에서 통상적으로 비춰지는 부분을 그대로 촬영했다. 레깅스는 운동복을 넘어 일상복으로 재활용되고 있다. (중략) 레깅스를 입은 젊은 여성이라는 이유로 성적 욕망의 대상이라 할 수 없다.

항소심 재판부 판단에는 '레깅스를 입은 젊은 여성'을 촬영하는 건 성범죄 가해자의 행동으로 볼 수 없다는 전제가 깔려 있는 듯하다. 한마디로 피고인이 성범죄 가해자답지 않다는 것이다. 그러나 성범죄자(가해자)의 행동은 정형화되어 있는 것이 아니다. 어떤 행동이든 성범죄 행동일 수 있다. '가해자다움'에 집중할 때 우리는 항소심 재판부처럼 수많은 성범죄 행동에 눈감을 수밖에 없다. 대법원은 이런 가해자다움이라는 사회 통념에 일침을 놓은 것이다.

또 항소심 재판부는 피해자가 경찰 조사에서 "기분이 더럽다"는 말을 했는데 이는 성적 수치심을 표현한 것이 아니라고 판단했다. 그러나 실제 성범죄 피해자가 느끼는 감정은 수치심만이 아니다. 분노, 공포, 무기력, 모욕감, 그리고 더러운 기분까지, 그 어떤 감정이든 느낄 수 있는데, 오직 부끄럽고 창피한 감정만 느껴야 하고, 그런 감정을 느끼지 않았다면 성범죄 피해자가 아니라는 항소심 재판부의 판단은 '피해자다움'을 강조한 것이다. 반면 대법원은 '성적 수치심이 분노, 공포, 무기력, 모욕감을 비롯한 다양한 층위의 피해 감정을 포섭한다'고 판시하며 피해자다움이라는 사회 통념을 뒤집었다.

항소심 판결문에서 엿볼 수 있는 성범죄의 가해자다움과 피해자다움을 바라보며 최근 정당 대표가 정당 소속 국회의원을 성추행한 사건이 떠올랐다. 이 사건의 피해 국회의원도 이 가해자다움과 피해자다움은 존재하지 않는다고 강조했다. 제한된 영역이지만 대법원 판례도 사회 통념을 깨는 데 일정 부분 기여한 것으로 평가된다.

성범죄에 대한 법원 판결은 앞으로도 많은 논란이 될 것이다. 이번 대법원 판결처럼 피해자 중심으로 사고하고 성 인지 감수성을 강조하는 방향으로 판결이 선고되길 기원해본다.

심신장애인 규정을 잘못된 습관인 음주 등을 방치한 가해자에게
적용하는 것이 옳을까?

술만 먹으면
모든 것이 가벼워진다

심신미약 감형은 선택이 아닌 의무였다?

2020년 12월 조두순이 출소하면서 2009년 그에게 내린 판결에 다시
관심이 집중되었다. "한 사람의 인생과 가족의 삶을 송두리째 빼앗았
는데 왜 조두순에게 징역 12년만 선고한 것이냐?", "술을 마신 상태
라고 형을 감경해주면 어떻게 하느냐?" 등 당시 판결을 선고한 재판
부, 1심 재판부의 12년 선고에 항소도 하지 않은 검찰, 그리고 부실
수사 과정 등이 다시 들추어졌다.

　실제 피해자와 가족이 국가를 상대로 제기한 국가배상 소송에
서 국가가 패소했다. 다만 재판부의 잘못 때문에 패소한 것은 아니
다. 재판부가 조두순에 대해 무기징역이 아닌 징역 12년을 선고한 것

은 당시 법에 다음과 같은 조항이 있었기 때문이다.

제10조(심신장애인)

① 심신장애로 인하여 사물을 변별할 능력이 없거나 의사를 결정할 능력이 없는 자의 행위는 벌하지 아니한다.

② 심신장애로 인하여 전 항의 능력이 미약한 자의 행위는 형을 감경한다.

조두순은 범행 당시 술에 취해 있었고, 오랜 기간 이어온 상습적 음주로 인한 알코올중독으로 심신미약이 인정되어 이 조항이 적용되었다. 실제 조두순의 1심 판결문(수원지방법원 안산지원 2009고합 6)의 '법령의 적용'란에는 다음과 같이 기재되어 있다.

법령의 적용

1. 범죄 사실에 대한 해당 법조 및 형의 선택

   형법 제301조, 제297조(무기징역형 선택)

1. 심신미약 감경

   형법 제10조 2항, 제55조 제1항 제3호

재판부는 검찰이 기소한 강간상해죄의 법정 최고형인 무기징역형을 선택했지만 심신미약 상태에서 행한 범죄라는 사실을 인정하며 형을 감경했다. 심신미약이라는 점이 인정되면 감경 여부는 재판부의 선택이 아니라 의무였기에 재판부도 무기징역형을 선택했지만 무기징역을 선고할 수는 없었던 것이다.

지적장애, 자폐성장애 등 비장애인과 비교할 때 사리분별력이 동일하지 않은 사람이 범한 범행에 대해 그대로 처벌하는 것은 가혹할 수 있다고 판단해 마련한 심신장애인 규정을 잘못된 습관인 음주 등을 방치한 가해자에게 적용하는 것이 옳은지에 대한 논란은 조두순 사건 이후에도 계속되었다.

우울증 진단서? 심신미약?

2018년 강서구의 한 PC방. 손님이 아르바이트 직원과 실랑이를 벌이던 중 그를 흉기로 잔혹하게 찔러 살해한 사건이 일어났다(서울 강서구 PC방 살인 사건). 이 사건에서 피고인 김성수는 경찰 수사 중 우울증 진단서를 제출해 논란이 일었다. 이는 법정에서 심신미약이 인정되면 형이 감경되는 조항을 악용하려는 시도로 읽혔고, 법무부는 피고인에 대한 정밀 정신감정을 진행해 '심신상실 또는 심신미약 상태가 아님'을 밝혔다. 결국 피고인은 심신미약 규정을 적용받지 못했지만, 그런 시도는 국민들의 분노를 샀다.

심신미약이라는 이유로 처벌을 감해주어서는 안 된다는 청와대

형법 [법률 제12898호, 2014.12.30 일부 개정]	형법 [법률 제15982호, 2018.12.18 일부 개정]
제10조(심신장애인) ① 심신장애로 인하여 사물을 변별할 능력이 없거나 의사를 결정할 능력이 없는 자의 행위는 벌하지 아니한다. ② 심신장애로 인하여 전 항의 능력이 미약한 자의 행위는 형을 감경한다. ③ 위험의 발생을 예견하고 자의로 심신장애를 야기한 자의 행위에는 전 2항의 규정을 적용하지 아니한다. [제목 개정 2014.12.30]	제10조(심신장애인) ① 심신장애로 인하여 사물을 변별할 능력이 없거나 의사를 결정할 능력이 없는 자의 행위는 벌하지 아니한다. ② 심신장애로 인하여 전 항의 능력이 미약한 자의 행위는 형을 감경할 수 있다. 〈개정 2018.12.18〉 ③ 위험의 발생을 예견하고 자의로 심신장애를 야기한 자의 행위에는 전 2항의 규정을 적용하지 아니한다. [제목 개정 2018.12.18]

법제처 제공

국민청원에 100만 명이 넘는 국민이 참여했고, 결국 이 사건은 법 개정을 이끌었다.

법제처는 법을 일부 개정한 이유와 주요 내용을 다음과 같이 밝혔다.

최근 서울 강서구 PC방 살인 사건을 계기로 심신미약 감경에 반대하는 국민적 비판 여론이 거세지고 있는 실정이고, 일부 범죄자들이 심신미약을 감형 수단으로 악용하려 하면서 국민적 공분이 일어나고 있음.
이에 심신미약자에 대한 필요적 감경 규정을 임의적 감경 규정으로 개정해 형법상 책임 원칙을 부정하지 않으면서, 감형 여부는 법관의 재량과 사건의 경중 등에 따라 유연하게 적용할 수 있도록 하려는 것임.

발달장애인 어머니의 호소

어느 날 성인 발달장애인 아들을 둔 어머니가 상담하러 오셨다. 아들이 혼자 버스 정류장에서 버스를 기다리고 있었는데, 그때 주위에는 여고생들이 있었다고 한다. 그런데 갑자기 어떤 아주머니가 아들과 여고생들 쪽을 향해 "지금 뭐 하는 거냐? 이 사람을 조심해라"라며 버스에 올라탔고, 영문도 모르고 이런 이야기를 들은 여고생들이 아들을 경찰에 신고했다.

출동한 경찰에게 여고생들은 "이 사람이 저희 옷을 만지려 한 것 같다. 그래서 아주머니가 그렇게 이야기한 것 같다"고 말했고, 경찰의 추궁에 제대로 대응하지 못한 아들은 옷을 만졌다는 취지의 자백을 했다고 한다.

어머니는 이 사건으로 검찰 수사가 진행 중인데 어떻게 해야 할지 모르겠다며, 어렵게 학교 급식실에 일자리를 얻어 일하고 있는 아들이 수사 결과에 따라 실직할 것이 가장 두렵다며 찾아오신 것이다. 나는 어머니께 아드님의 행동에 대해 고의성이 인정되기 어렵고, 설사 기소된다고 하더라도 발달장애라는 점이 참작되어 형이 감경될 수 있다고 설명해드렸다.

발달장애인의 행동에 대해 비장애인과 동일하게 책임지게 하는 건 가혹할 수 있다. 고의가 아니라 자신의 장애로 인한 행동에 대한 책임을 일정 부분 감경해주는 제도로 심신미약 감경 조항은 제 역할을 할 수 있는 것이다.

사람은 모든 행동에 책임을 져야 한다. 그러나 14세에 이르지 않은 아동이 미성숙하다는 이유로 법을 어겨도 촉법소년으로 분류되어 형사처벌을 면하는 것처럼 형법 제10조 심신미약 감경도 같은 상황을 염두에 둔 조항이다. 조항을 악용하려는 사람이 문제일 뿐 이 법 자체에 문제가 있는 것은 아니다.

형법을 개정해 재판부가 의무적으로 감경해주는 것이 아니라 감경 여부를 선택적으로 적용할 수 있게 되었기에 더더욱 재판부의 역할이 중요하다. 법이 그러니 어쩔 수 없었다는 식의 변명도 더 이상 통하지 않는다. 법원이 자신에게 부여된 재량을 제대로 행사하지 않는다면 이런 논란은 계속 이어질 것이다.

양육 기여도를 단순히 '기른 정' 차원에서 접근할 게 아니라 법적
보호가 필요한 권리로 적극 보호해줘야 할 필요성이 커지고 있다.

자식을 버리고
권리만 취하려 드는 나쁜 부모들

부모 상속권과 관련해 불붙은 논란

십수 년간 양육비는커녕 연락조차 없다 자식이 사고로 숨지자 사망
보험금을 수령하는 것은 비상식적인 일일 것이다. 그러나 현행 상속
관련 법령상 이러한 일이 가능하다.

민법 제1000조는 상속 순위를 1순위 배우자와 직계비속(자녀),
2순위 직계존속(부모), 3순위 형제자매 등으로 정해놓았다. 결혼하지
않아 배우자도, 자녀도 없는 미싱닌사가 사망하면 기계석으로 진권
자인 아버지와 어머니에게 각각 50%씩 상속된다. 조부모가 키웠더
라도 부모 상속권이 우선이다.

비양육 부모의 상속법상 권리에 대한 논란이 불붙은 건 천안함

침몰 사고 때다. 고(故) 신 모 상사의 생모가 28년 만에 나타나 사망 보상금과 국민 성금 등 3억 원을 받아 간 사실이 알려지면서 국민적 공분이 일었다. 논쟁은 자녀 양육에 대한 정당한 권리를 인정해줘야 한다는 목소리로 이어졌다. 양육에 기여하지 않은 생물학적 부모에게 자식 앞으로 지급된 보험금을 줘서는 안 된다는 비판이 많았다.

당시 숨진 신 상사가 두 살 때 집을 나간 후 연락을 끊었던 생모는 국가보훈처에서 지급한 군인사망보상금 2억 원과 군에서 가입한 단체보험금 1억 원 중 각각 절반을 가져갔다. 이후 매달 지급되는 월 80만 원의 군인유족연금 중 40만 원을 꼬박꼬박 탔고, 국민 성금 5억 원에까지 손을 뻗쳐 1억 5,000만 원을 받았다. 결국 홀로 아들을 키운 신 상사 부친은 전처를 상대로 상속재산 분할 청구 소송과 양육비 청구 소송을 제기했다. 소송은 전처가 보상금 절반을 받는 대신 군인 연금은 포기하는 법원의 조정안을 양측이 받아들이는 선에서 마무리됐다.

세월호 침몰로 희생당한 안산 단원고 학생 250여 명 중 이혼 등으로 인한 한 부모 가정 및 조손 가정 학생이 50여 명에 이르는 것으로 알려졌다. 세월호 실종자 수색 작업이 한창이던 2014년 4월 22일, 숨진 딸의 발인이 끝나자마자 12년간 연락을 끊었던 친부가 보험금을 타 간 일이 있었다. 혼자 딸을 키워온 어머니가 개인적으로 든 생명보험에서 나온 사망보험금 5,000만 원 중 절반을 보험금 한 푼 안 낸 친부가 받은 것이다. 친부는 이외에도 단원고 학생들이 가입한 단체여행자보험의 사망보험금 1억 원과 청해진해운이 가입한 배상책임보험에서 지급할 3억 5,000만 원에 대해서도 50%의 지분이 있기에 그 보험금도 받아 갔을 것이다.

　이혼 증가 등으로 한 부모, 조손 가정이 급증하는 현실에서 양육 기여도를 단순히 '기른 정' 차원에서 접근할 게 아니라 법적 보호가 필요한 권리로 적극 보호해줘야 할 필요성이 커지고 있다.

전통적 시각 확인한 헌법재판소 결정

딸이 다섯 살 되던 해에 남편과 이혼하고 홀로 25년 넘게 딸을 키워온 A씨. 불의의 사고로 딸이 세상을 떠났는데 양육하지 않은 전남편이 딸의 재산을 상속받는 건 부당하다며 A씨는 헌법재판소에 헌법소원을 냈다.

　A씨가 이 문제를 헌법재판소까지 가져간 이유는 법원 단계에서는 해결되지 않았기 때문이다. A씨는 딸이 사망한 후 과거 양육비 청구와 함께 딸의 예금채권, 보험금채권 등 약 5억 원의 상속재산 중 자신의 기여분을 90%로 정해야 한다며 상속재산 분할을 청구했다. 그러나 과거 양육비 약 9,000만 원만 인정받고 기여분 결정 청구와 상속재산 분할 청구는 받아들여지지 않았다. 현행법상 동거, 간호, 그 밖의 방법으로 피상속인을 특별히 부양하는 경우에만 상속에서 기여분을 인정하는데, 자녀 양육의 경우 기여분으로 인정하지 않는다

고 해석하기 때문이다.

　민법은 피상속인에 대한 부양의무를 이행하지 않은 직계존속의 경우를 상속 결격사유로 규정하지 않지만, A씨는 이 규정이 자신의 재산권을 침해했다고 헌법소원을 제기한 것이다. 하지만 이는 받아들여지지 않았다.

판시 사항

피상속인에 대한 부양의무를 이행하지 않은 직계존속의 경우를 상속 결격사유로 규정하지 않은 민법(2005. 3. 31 법률 제7427호로 개정된 것) 제1004조(이하 '심판대상조항'이라 한다)가 청구인의 재산권을 침해하는지 여부(소극)

　헌법재판소 2018. 2. 22 자 2017헌바59 결정【민법 제1000조 제1항 제2호 위헌소원】

　헌법소원 결정 이유는 크게 두 문장으로 요약할 수 있다.

　"부양의무를 이행하지 않았다고 해서 상속인 지위를 박탈당하는 것은 아니다."
　"법정상속인 자격을 못 가진 사람이 누군가를 성실히 부양했다고 해서 재산을 물려받을 수 있는 것도 아니다."

　상속은 아이를 키우거나 돌본 대가가 아니라 태어나면서 자연스럽게 갖게 된 권리라는 우리 사회의 전통적인 시각을 재확인한 것으로 평가되는데, 과연 그 전통적인 시각을 계속 유지해야 하는지 의문이 든다.

다만 헌법재판소는 현행 규정(직계존속이 피상속인에 대한 부양의무를 전혀 이행하지 않는 경우를 상속 결격사유에 포함시키지 않는 점)이 합헌이라고 판단했을 뿐, 새로운 상속 결격사유를 규정하는 새로운 입법에 대해 위헌이라고 판단할지는 알 수 없다.

구하라법, 통과될 수 있을까?

2019년 11월 24일, 유명 아이돌 그룹 카라 출신 가수 구하라 씨가 세상을 떠났다. 그런데 구하라 씨 어머니가 재산을 상속받겠다며 나타났고, 구 씨의 오빠 등 유족은 아홉 살 때 집을 떠난 이후 구 씨 남매를 돌보지 않았던 어머니의 상속 자격을 인정할 수 없다며 소송을 냈다.

그러나 법원은 2020년 12월 18일 어머니가 유산의 40%를 상속받을 수 있다고 판결했다(원래 50%라는 상속 지분 중 10%를 삭감한 것이다). 아버지 홀로 구하라 씨를 키운 특별한 사정에 따른 기여도는 10%만 인정하는 데 그쳤다.

이런 비상식을 해결하겠다는 민법 개정안 '구하라법'은 20대 국회에서도 발의되었지만 임기 만료로 폐기되었고 21대 국회에서 다시 발의되었다. 부모가 자녀에 대한 부양의무를 소홀히 했을 경우,

재판을 거치지 않고도 상속인 자격을 박탈하는 내용이다.[27]

신·구조문 대비표

현행	개정안
제1004조(상속인의 결격사유) 다음 각 호의 어느 하나에 해당한 자는 상속인이 되지 못한다. 1.~5. (생략) 〈신설〉	제1004조(상속인의 결격사유) 1.~5. (현행과 같음) 6. 피상속인의 직계존속으로서 피상속인에 대한 부양의무를 현저히 게을리한 사람

그러나 법무부는 이 개정안이 '윗사람의 양육의무만 명시하고 자식이 부모를 제대로 부양하지 않는 상황에 대한 언급이 없으며 개별 사정도 고려하지 않는다'는 한계를 지적하고 좀 더 신중하게 상속권 상실 여부를 결정하도록 하자는 취지의 개정안을 내놨다.

법무부 개정안에는 민법 제1004조의 2 상속권 상실 제도를 신설해 피상속인이 생전에, 법정상속인은 피상속인 사후 6개월 내에 상속권 상실을 가정법원에 청구할 수 있도록 했다. 다만 법원이 상속권 상실의 사유가 발생한 경위 및 정도를 고려해 청구를 기각할 수 있도록 했다. 그리고 제1004조의 3 용서 제도도 마련해 상속권을 상실당하는 것이 마땅한 상속인을 사전에 용서한다는 내용을 명확하게 남길 수 있도록 해 피상속인의 의사를 보다 충실히 반영할 수 있는 제도도 마련했다.

제1004조의 3(용서)

① 피상속인이 상속인이 될 자를 용서한 때에는 그 사유로 인한 상속권 상실의 선고를 청구하지 못하고, 상속권 상실의 선고는 효력을 잃는다.

② 제1항의 용서는 공증인의 인증을 받은 서면 내지 공정증서에 의한 유언으로 하여야 한다.

의원이 입법한 내용을 보완한 법무부 안이 국회를 통과한다면, 상식에 맞지 않는 판결이 선고되는 것을 막을 수 있을 것이다. 구하라 사건에서 보여준 바와 같이 법원이 현행 기여도 조항으로 적극적인 역할을 하지 못했지만, 신설되는 구하라법을 통해 법원은 더 적극적인 역할을 해야 할 것이다.

형사 절차는 실체적 진실 발견이 생명이다. 억울한 옥살이를 한 사람이 재심을 통해 무죄를 받는 것을 넘어 가해행위를 한 사람도 그에 상응하는 처벌을 받아야 하지 않을까?

공소시효의
쓸모에 대하여

국민 드라마 〈수사반장〉과 공소시효

1971년부터 1989년까지 880부작으로 방영된 추억 속 드라마가 있다. 한국의 콜롬보 최불암이 범죄를 해결하는 활약상을 그린 드라마 〈수사반장〉이다. 지금은 미드, 일드 등 세계 각국의 드라마를 손쉽게 찾아볼 수 있는 시대지만, 당시에는 공중파 드라마가 전부였기에 이 드라마는 국민 드라마로 불리며 많은 사랑을 받았다.

모든 서사에는 발단-전개-위기-절정-결말이 있듯 〈수사반장〉은 주로 다음과 같이 구성되어 있었다. 오랫동안 범인이 체포되지 않은 사건에 대한 이야기가 전개되고, 그 범인을 처벌할 수 있는 공소시효 만료가 임박해오는 위기를 맞는다. 이후 범인이 모습을 드러내는 절정을 넘어 그 범인을 극적으로 체포하는 것으로 마무리된다.

아무리 극악한 범죄를 저질러도 일정한 시간이 지나면 처벌을 피할 수 있다는 공소시효는 이렇게 해서 널리 알려졌다.

태완이법, 정작 태완이에게는 적용되지 않았다

1999년 5월 20일 오후, 대구의 어느 골목길에서 여섯 살 어린이가 끔찍한 일을 당했다. 정체를 알 수 없는 남성이 아이의 입을 강제로 벌리고는 고농도의 황산을 쏟아부은 것이다. 전신의 절반 가까이에 3도 화상을 입은 아이는 49일간 고통 속에서 몸부림치다 결국 숨졌다.

택시 운전과 미용사 일을 하던 부모는 생업을 제쳐놓고 사건의 실마리를 풀기 위해 백방으로 찾아다녔다. 사건에 대한 재수사 여론이 뜨거워진 2013년 말, 경찰이 다시 수사에 나섰으나 부모가 지목한 용의자가 범인임을 입증할 증거를 찾지 못해 검찰도 수사를 마무리했다. 하지만 부모는 포기할 수 없었다. 검찰의 처분이 부당하다고 법원에 호소했고, 수사를 다시 하게 해달라고 외치고 또 외쳤다.

2015년 3월 살인죄에 대해서는 공소시효를 폐지하자는 법안이 국회에서 발의되었다. 이전까지 법정 최고형인 사형의 공소시효는 25년이었다. 태완이법이라고 불리는 이 형사소송법 개정안은 2015년 7월 24일 통과되었는데, 이미 공소시효가 만료된 범죄에까지 적용할 경우 소급입법 금지라는 원칙을 훼손한다는 논란이 일었다. 결국 살인죄 공소시효 폐지는 2008년 8월 1일 오전 이후 발생한 살인 사건부터만 적용 가능하게 됐고, 태완이법이라고 불리는 이 개정법을 태완이 사건에는 적용할 수 없게 되었다. 태완이 사건은 그렇게 영원한 수수께끼로 남았다.

화성 연쇄살인 사건의 진범 이춘재

2019년부터 온 세상을 떠들썩하게 했던 화성 연쇄살인 사건의 주범 이춘재는 살인죄로 처벌받았을까? 화성 연쇄살인은 1986년 9월 15일부터 1991년 4월 3일까지 4년 7개월 동안 경기 화성시 태안읍 일대에서 10명의 여성이 잇따라 강간 살해당한 사건이다. 2007년 12월 이전에 발생한 살인 사건의 공소시효는 15년이었다. 이에 따라 가장 마지막에 발생한 열 번째 살인 사건을 처벌할 수 있는 시한은 2006년 4월 2일이었다.

태완이법은 시행 당시 공소시효가 만료되지 않은 범죄인 2008년 8월 1일 오전 이후 발생한 살인 사건부터 적용되기 때문에 이춘재를 처벌하기 위해서는 새로운 법이 필요했다. 이에 따라 '화성 연쇄살인 사건 공소시효 적용 배제에 관한 특별법안'이 발의되었다. [27]

최근 디엔에이 감식 기술의 발달 등으로 유력한 용의자를 특정하는 등, 화성에서 발생한 살인 사건에 대한 진상 규명이 이루어지고 있음에도 공소시효 완성으로 인하여 형사처벌을 할 수 없는 상황임.

그러나 연인원 200만 명 이상의 경찰이 동원되고 3,000명가량이 조사를 받았으며 수많은 국민들에게 공포감을 주었던 사건인 만큼, 화성 연쇄살인 사건의 범인이 공소시효 완성에도 불구하고 범죄에 걸맞은 처벌을 받도록 할 필요성이 있음.

이에 화성 연쇄살인 사건 중 용의자가 검거된 1건을 제외한 9건에 대해서는 당시 발생한 살인 사건에 적용되었던 15년의 공소시효를 적용하지 않도록 함으로써 현 상황에서도 화성 연쇄살인 사건의 범인을 처벌할 수 있도록 하려는 것임.

_[2022592] 화성 연쇄살인 사건 공소시효 적용 배제에 관한 특별법안(안규백 의원 등 13인)

그러나 이 법도 결국 소급입법 원칙을 준수해야 한다는 논리에 밀려 임기 만료로 폐기되었고, 2020년 12월 검찰은 이춘재의 추가 범죄 사실을 확인하고도 공소권 없음으로 수사를 마무리 지었다(이춘재는 1994년 저지른 다른 범죄로 무기징역을 선고받아 이미 복역 중이다).

한국 헌정사에서 이런 소급입법을 허용한 사례가 없는 것은 아니다. 대표적 사례는 1995년 '5·18 민주화운동 등에 관한 특별법(5·18 특별법)'이다. 5·18 특별법은 1979년 12월 12일 사건과 1980년 5월

18일 민주화운동을 전후해 발생한 헌정 질서 파괴 범죄 행위에 대한 공소시효 정지 등을 규정한 법이다.

당시 내란죄 등 이 사건 범죄의 공소시효는 만료됐으나 전두환과 노태우, 두 전 대통령의 재임 기간을 시효에서 제외해 처벌 대상에 포함했다. 이에 관련해 헌법소원이 제기되었으나, 헌법재판소는 법원의 공소시효 정지 조항 등과 관련한 위헌심판 제청에 대해 위헌 정족수를 채우지 못해 합헌으로 결론 내렸다.

공소시효 폐지

공소시효는 시간이 흐르면서 증거 보존이 어렵고 처벌 효과도 떨어진다는 현실적인 문제를 근거로 마련됐다. 하지만 DNA 감식 및 디지털 포렌식 등 과학수사 기법이 발전하면서 공소시효를 유연성 있게 적용해야 한다는 목소리가 높아졌다. 그런데 사안에 따른 여론에 떠밀려 법을 개정하다 보니 다음 같은 문제가 생기기도 했다.

광주 인화학교 성폭행 사건을 다룬 영화 〈도가니〉를 계기로 2011년 성폭력특별법 등이 개정되었고, 이에 따라 13세 미만의 여자 및 신체적 또는 정신적 장애가 있는 사람을 대상으로 한 강간 등의 사건에서는 공소시효가 배제되었다.

그런데 이 특별법에 따르다 보니 오히려 이해하기 어려운 결과가 초래되었다. 성인에 대한 강간은 10년의 공소시효가 적용되는데,

성인 중 장애인에 대한 강제추행은 공소시효가 배제되는 불합리한 상황이 발생한 것이다(강간이 강제추행보다 비교적 무거운 범죄임에도).

13세 미만 아동·장애인이라는 동일한 피해자를 기준으로 보더라도 살인은 25년의 공소시효가 적용되는데, 강제추행은 공소시효가 배제되는 이해하기 어려운 결과를 초래했다. 물론 이 논란은 태완이법 개정으로 해소되었으나, 공소시효 폐지가 여론에 떠밀려 즉흥적으로 이루어지면 안 된다는 것을 확인할 수 있는 사례다.

참고로 미국은 일부 주를 제외하면 살인죄의 공소시효가 없다. 영국은 경범죄에만 공소시효를 적용할 뿐 원칙적으로 공소시효가 존재하지 않는다. 일본은 2010년 살인과 강도살인 등 중대 범죄 12가지에 대한 공소시효를 폐지했다.

공소시효 제도는 형사소송법이 1954년 제정될 당시 만든 것으로 2007년 형사소송법 전면 개정 시 공소시효를 일괄적으로 연장하는 개정을 했는데, 공소시효의 쓸모에 대해 국민들의 의견을 다시 모아 새로운 시대에 걸맞은 제도를 갖출 필요가 있다고 생각한다. 최근 재심을 통해 무죄를 받는 사건에서 고문 등 가혹 행위에 참여한 수사관과 검사들의 범죄가 낱낱이 알려지고 있다. 그러나 그것이 알려진다고 해도 수사관과 검사를 저벌할 수는 없다. 공소시효 때문이다. 형사 절차는 실체적 진실 발견이 생명이다. 억울한 옥살이를 한 사람이 재심을 통해 무죄를 받는 것을 넘어 가해행위를 한 사람도 그에 상응하는 처벌을 받아야 하지 않을까?

우리 모두가 법을 둘러싼 가치 중 우선해야 할 가치가 무엇인지 안다면,
무엇이 잘못된 법이고, 판결의 어떤 공정에 문제가 있는지 안다면
법은 지금보다 믿음직해질 것이다.
불합리하고 부당하고 억울한 일은 누구에게든 일어날 수 있기에,
현대사회에 맞는 실효성 있는 제도를 다 함께 고민해야 한다.

5장

불량 판결문,
어디에서
A/S 받나요?

법원의 불친절함과 무례함에 대해 지속적으로 문제를 제기한다.
존중받아야 하는 건 법원 판결의 '내용'이지 법원의 '불친절'이 아
니다.

법원의 비상식에
눈감지 말아야 하는 이유

법원에서 당한 부당한 처우

법원의 불친절한 서비스를 경험할 때면 답답한 마음에 블로그에 글
을 끄적일 때가 종종 있다. 가끔 댓글이 달리기도 하는데, 최근 변호
사 사무실 직원이라고 하는 분이 익명으로 이런 댓글을 쓰셨다.

저도 법원에 자주 가는 사무실 직원인데 오늘 어이없는 갑질을 당했습니다.
사무장님 및 변호사님께 말했는데 부딪히지 말라며 제 이야기를 아예 안 들
으려고 하십니다. 이 일을 시작한 지도 이제 6개월째 접어드는데 마음이 복잡
합니다. 민원을 넣고 싶어도 제가 넣은 걸 알 테니 저희 사무실과 저에게 불이
익이 올 것이 분명하기 때문에 속앓이만 하는 중입니다. 모두 저에게 참으라

고 해서 진짜 한마디도 못하고 네, 네만 하고 왔습니다. 너무 바보 같고 저 자신이 한심합니다. (2020. 12. 2)

법원에 자주 가는 사무실 직원이라고 시작한 글에는 어이없는 갑질을 당한 억울함이 녹아 있었다. 변호사와 사무장의 지시대로 한마디도 못한 자신이 너무 바보 같고 한심하다고 마무리되는 댓글을 읽자니 내 마음도 무거워졌다.

법원에서 불이익을 받을까 염려되어 갑질당한 직원을 제대로 보호하지 못한 사무장과 변호사의 마음도 가볍지만은 않았을 것이다. 그러나 현실적으로 법원은 사건 결과를 좌지우지하는 신과 같은 존재이므로 법원의 눈치를 볼 수밖에 없는 변호사와 사무장의 마음도 이해가 된다. TV 드라마에 나오는 변호사들은 부당한 현실을 고발하고 마치 해결사처럼 사건을 해결하는 멋진 직업군으로 비치지만, 사실은 부당한 현실에도 항의하지 못하고 눈감을 수밖에 없는 초라한 모습이 대한민국 변호사의 자화상이다.

변호사가 그런데 일반 국민들이야 오죽하랴. 재판정에 서면 판사 얼굴 보기가 두렵다고 하는 사람이 있을 정도니, 부당한 현실에 눈감지 않고 당당하게 맞서는 건 여간 어려운 일이 아니다.

법원의 불친절과 무례함에 문제를 제기하다

변호사회에서는 매년 법관 평가 결과를 공개한다. 불친절한 법관들이 했다는 말을 보면 정말 화가 난다.[29]

• 짜증 섞인 어투로 소송을 진행하거나 피고인의 주장을 비꼬는 듯 혼자 웃거나 중얼거리기도 했다. 긴장해서 답변을 하지 못하는 피고인에게 "귀가 안 들리시나?"라는 모욕적인 발언을 했다.

• 변론 과정 중 신속한 재판을 위해 짧은 시간을 배정하는 것은 이해하지만, "10초만 하세요"라는 등 불필요한 언행으로 불쾌감을 줬다.

• 명도 사건에서 임대인인 원고가 "차임을 면제하거나 감액할 의사가 없다"고 하자 "코로나가 창궐하는데 원고는 악덕 업주냐"라고 말하며 원고와 원고 대리인을 모욕했다.

우수 법관의 실명은 공개하면서 국민들에게 막말을 하는 법관의 실명은 공개하지 않고 감추는 것도 화가 난다. 이름도 공개하지 않는 평가 결과는 그저 화만 부른다. 법원을 개선하기 위해서는 실명을 공개해야 할 텐데, 지방변호사회 또한 법원 눈치를 보는 게 아닌지 걱정된다.

또 가끔 지방변호사회에서는 이런 환송 행사 알림이 온다.

보낸 사람 : OO 지방변호사회

알리는 말씀(20XX. XX.YY) OO 지방법원 수석부장판사 환송 행사 알림

┈┈┈┈┈┈┈┈┈┈┈┈┈┈┈┈┈┈┈┈┈┈┈┈┈┈┈┈┈┈┈┈┈┈┈┈┈┈

알리는 말씀

OO 지방법원 수석부장판사님 환송 행사가 금일 2월 8일(수) 오후 5시경 OO 법원 1층 현관 앞에서 있음을 알려드립니다.

회원님들께서는 10분 전까지 OO 법원 현관 앞에서 대기해주시길 바라며, 많이 참석하여주시기 바랍니다.

20XX. XX.YY

OO 지방변호사회 회장

훈훈하게 판사와 석별의 정을 나누자는 좋은 취지의 알림이라고 생각할 수도 있지만, 이런 알림이 올 때마다 불편한 건 왜일까? 아마 회원들을 위해 몇 년 동안 헌신한 변호사회 회장의 임기 마지막 날 이런 환송 행사를 진행한다는 알림은 받은 기억이 없기 때문일 것이다. 판사 환송 행사 알림을 받을 때면 착잡한 마음이 든다. 오히려 어떻게 해서든 법원과 좋은 관계를 유지하려는 변호사회의 고개 숙인 모습을 영영 떠나보내는 환송 행사를 하고 싶은 심경이다.

우리 사무실은 법원의 불친절과 무례에 지속적으로 문제를 제기하고 있다. 존중받아야 하는 건 법원 판결의 '내용'이지 법원의 '불친절'은 아니라는 생각을 가지고 있기 때문이다. 내가 그 생각을 감

추지 않고 직접 현실에서 실천할 수 있었던 건 개업 변호사가 아니라 대한법률구조공단 소속 변호사로 변호사 활동을 시작했기 때문이다. 대한법률구조공단은 공공 기관이기에 상대적으로 법원 눈치 보기 등에서 자유로워 법원의 부당한 서비스와 판사의 부적절한 재판 진행 등에 당당히 맞섰다.

2012년부터 대한법률구조공단 소속 변호사를 그만둔 후 개업 변호사로 활동해왔지만 우리 사무실은 그 당당함을 유지하고 있다. 앞에서 언급했듯(2장 참고) 판사가 사무실로 직접 연락해서 남긴 내용이 공정한 판단을 해야 하는 법관으로서 부적절한 언행이라고 판단되면, 그 내용을 고스란히 언론사에 제보해 문제 삼고 있다.

우리가 심하게 행동하는 것일지도 모르고, 앞으로 불이익을 당할지도 모른다. 하지만 계속 눈감고 싶지 않다. 그 이유는 나부터 눈감기 시작하면 결국 우리는 법원의 무례한 태도와 불친절을 계속 경험할 수밖에 없기 때문이다.

"좋은 법은 저절로 주어지는 것이 아니라 우리가 쟁취하는 것이다."

이 말을 한 사람은 독일의 법학자 헤르만 칸토로비츠다. 그는 인간을 중심에 두어야 할 법이 인간 위에 군림하는 수단으로 변질된 현실을 고발하며 110여 년 전인 1906년에 《법학을 위한 투쟁》이라는 책을 썼다는데, 책 제목부터 마음을 울렸다. 하지만 그가 가명으로 이 책을 출간한 것을 보면 110여 년 전이나 지금이나 투쟁에는 불이익이 따랐나 보다.

투쟁이라는 단어는 현장에서 열심히 뛰는 활동가가 문제를 제기할 때, 팔짱을 긴 채 "그거 안 돼요. 대법원 판례가 그래요"라고 말하는 법률가는 되지 말아야겠다는 다짐을 상기시킨다. 인권의 최전선에 선 활동가가 이야기하는 상식과 견주어볼 때, 법과 판례가 이에 미치지 못한다면 법과 판례를 바꿔야지 상식이 후퇴되어서는 안 된다. 이러한 생각을 가다듬는 '상식을 위한 투쟁'은 법률가이기에 앞서 국민의 한 사람으로서 꼭 해야 할 일일 것이다.

"법에 투쟁은 피할 수 없는 숙명이다."
"법의 탄생을 위해 필요한 투쟁은 저주가 아니라 축복이다."

독일의 법학자 루돌프 폰 예링이 《권리를 위한 투쟁》이라는 책에서 한 이야기도 마음에 담아본다. 더 좋은 법을 탄생시키기 위한 노력, 법원의 불편하고 부당한 서비스와 비상식적인 판결을 그냥 받아들이지 않고 상식에 반한다고 외치는 일. 그 투쟁이 저주가 아니라 축복이며, 선택의 여지없이 피할 수 없는 숙명이기에 국민들 모두 함께했으면 좋겠다.

02

대법원까지 사건을 끌고 온 사건 당사자에게 중요하지 않은 사건
은 없다. 대법관 숫자를 늘리고 인력을 충원해서라도 모든 사건을
성실하게 심리해야 하지 않을까?

불량 판결문 A/S,
제대로 작동하고 있을까?

모두가 누릴 수 없는 3심제

우리는 하루에도 수십 번 물품 구입 계약과 서비스 용역 계약을 맺는
다. 계약서 한 장 쓰지 않았는데 무슨 계약이냐고 의아해할지도 모르
겠지만, 우리가 마트에서 물건을 사고, 식당에서 밥을 먹고 버스·지
하철·기차 등 대중교통을 이용하는 것 모두 엄연히 계약이다. 그 계
약을 통해 좋은 물건과 서비스를 기대하지만 때로는 그 기대에 어긋
나는 순간을 경험할 때가 있다. 마트에서 산 물품을 집에 와서 열어
보았는데 부품 하나가 빠진 불량일 수 있고, 내가 사 먹은 음식이 불
량 식품이라 배탈이 날 수도 있다. 그리고 중요한 미팅 참여차 기차
표를 끊었는데 제때 기차가 오지 않는 불량 서비스 때문에 미팅에 참

석하지 못할 수도 있다. 이런 경우 A/S를 요구하게 된다.

그렇다면 불량 판결문은 어떠한가? 어디에서 A/S를 받아야 하며, 제대로 된 배상을 받을 수 있을까?

일단 우리나라는 3심제를 택하고 있다. 1심의 불량 판결문을 2심인 항소심, 더 나아가 3심인 상고심 대법원 재판에서 A/S를 요청할 권리가 있다. 세 번이나 재판을 받으니 A/S는 충분한 것이 아니냐고 생각할지도 모르겠지만, 실제 3심제가 어떻게 운영되는지 한 걸음 더 들어가보면 정말 충분한 A/S인지 의문이 남는다.

3심인 대법원은 사실관계에 대한 심리를 진행하지 않는다. 2심인 항소심이 법률적으로 오류가 있는지 여부만 심판하기에 '법률심'이라고 불린다. 그렇게 제한적으로만 심사하는 3심인 대법원의 심리를 받는 것조차 허락받지 못하는 경우가 대다수다. 대법원까지 가서 끝까지 싸우겠다고 다짐해도 대법원에서 문전박대당한다는 말이다. 그것이 바로 '심리불속행' 제도다.

"상고 이유에 관한 주장은 상고심 절차에 관한 특례법 제4조에 해당해 이유가 없다고 인정되므로 법 제5조에 입각해 상고인의 상고를 기각한다."

상고심 절차에 관한 특례법

제4조(심리의 불속행)

① 대법원은 상고 이유에 관한 주장이 다음 각 호의 어느 하나의 사유를 포함하지 아니한다고 인정하면 더 나아가 심리(審理)를 하지 아니하고 판결로 상고를 기각(棄却)한다.

제5조(판결의 특례)

① 제4조 및 민사소송법 제429조 본문에 따른 판결에는 이유를 적지 아니할 수 있다.

대법원까지 가서 끝까지 싸우겠다고 다짐했는데, 패소 이유조차 적혀 있지 않고 달랑 이 문구만 새겨진 대법원 판결문을 받고 허탈해하는 사람들을 자주 만났다. 2019년 대법원이 종결 처리한 민사·가사·행정소송 사건 1만 6,990건 가운데 1만 2,258건, 약 72%가 이런 방식으로 처리되었다. 그래서 대법원에서 승소는 차치하더라도 심리라도 제대로 받으려면 대법관 출신 변호사를 선임해야 한다는 암묵적인 법칙이 존재한다. 하지만 수천만 원에 달하는 도장 값을 지불할 수 있는 건 소수에 불과하다.

대법원까지 오는 사건 수가 너무 많고 제한된 인력으로 중요한 사건 심리에 집중해야 하기에 불가피한 제도라는 의견도 있다. 대법원이 맡고 있는 상고심 사건 중 단순한 사건을 별도로 맡는 상고법원을 만들어야 한다는 목소리도 있다. 그러나 국민 누구나 대법관에게 자신의 사건을 심리받을 권리는 보장되어야 하지 않을까?

구입한 물품에 불량이 있어 정식 A/S 센터에 갔는데, 내가 구입한 물품은 중요하지 않으니 수리해줄 수 없다거나 다른 A/S 센터로 가라고 한다면 받아들이기 어려운 것처럼 이와 같은 의견에 흔쾌히 동의할 국민은 많지 않을 것이다. 대법원까지 사건을 끌고 온 사건 당사자에게 중요하지 않은 사건은 없기 때문이다.

대법관 숫자를 늘리고 인력을 충원해서라도 모든 사건을 성실하게 심리해야 하지 않을까? 그래야 3심제가 불량 판결문에 대한 제대로 된 A/S라고 할 수 있지 않을까?

불량 판결문에 대한 배상?

그렇다면 배상은 어떤가? 3장 6파트 〈부실재판에 대해 국가배상을 요구하다〉에서 언급한 것처럼 법원의 판결에 대해 국가에서 배상받는 건 불가능에 가까운 일이다. 현재 대법원 판례에 의거할 때 불량 판결문에 대한 국가배상 책임을 인정받으려면 그러한 판결을 내놓은 법관의 부정한 목적을 입증하거나 그가 평균적인 법관이 기울였어야 할 주의의무를 현저히 위반했음을 입증해야 한다.

구입한 음식에 문제가 있어 배탈이 나 환불과 배상을 받으러 갔다고 치자. 음식점 사장이 환불과 배상을 받기 위해서는 요리사가 음식을 불량하게 제조하는 부정한 목적을 입증하라고 한다면? 혹은 자기네 요리사가 평균적인 요리사가 기울였어야 할 주의의무를 현저히 위반했음을 입증해야 한다고 말한다면? 아마 궤변 취급당할 것이다. 그런데 국민들에게 사법권이라는 권한을 부여받은 법관의 잘못에 대해 이런 엄격한 요건을 요구하는 것이 대법원의 입장이다.

책임을 묻기 위해 까다로운 요건을 충족해야 한다면 이를 입증할 기회를 충분히 주어야 할 것이다. 최소한 그 불량 판결문을 내놓은 법관을 증인으로 불러내 물어볼 기회를 부여받는 건 기본 중의 기본일 것이다. 그런데 내가 소송대리인으로 진행한 국가배상 소송에서는 항소심에 이르는 3년 6개월의 재판 기간에 그 기회를 허락받지 못했고, 제대로 된 해명을 듣지도 못했다.

실제 이 기울어진 운동장에 3년 넘게 서본 나로서는 이런 소송을 고민하는 분들에게 한번 해보시라는 말을 건네는 것조차 조심스럽다.

"도대체 왜 불량 판결문을 생산했습니까? 직전에 두 건이나 유사 사건에서 명품 판결문을 생산하시지 않았습니까? 전관 변호사가 피고인의 변호인이라 그런 것입니까?"

이런 실문을 준비했지만 그 불량 판결문을 내놓은 법관에 따져 묻지도 못하는 소송 과정을 통해 엄중한 책임을 묻는 명품 판결문이 선고될 가능성은 희박하다는 것을 직접 경험했기 때문이다.

불량 판결문에 대해 A/S를 받기 위해 국가배상 소송을 했는데 결국 받아낼 수 있는 판결문이 또 하나의 불량 판결문이라면 법원 근처에도 가고 싶지 않을 것이다. 오랫동안 모은 돈을 지불해 구입한 자동차에 문제가 있어 A/S를 받아 다른 자동차로 교환했는데 또다시 제대로 작동하지 않으면 그 회사 자동차만 봐도 속이 상한 것처럼 말이다.

제대로 된 A/S 제도를 당당하게 요구하자

현재 법원에서 운영하는 A/S 제도에는 많은 허점이 있다. 아주 오랫동안 국민들은 소수만 누리는 상고심, 잘못은 있지만 책임은 없다는 식의 국가배상 제도를 참고 또 버티고 있다. 그러나 이를 개선하려는 노력과 시도는 보이지 않는다. 우리는 불량 판결문에 대한 불량 A/S 제도에 만족해야 할까? 절대로 그렇지 않다.

누군가의 잘잘못을 판단하며 분쟁 당사자 중 한 사람의 손을 들어주는 사법 권한은 정말 어마어마한 힘이다. 우리는 그 힘을 사법부에 맡긴 것이다. 그렇기에 우리에게는 그걸 잘못 사용해 발생한 불량 판결문에 대해 제대로 된 A/S를 요구할 권리가 있다. A/S가 제대로 이루어지지 않는다면 그 권한을 사법부에서 도로 가져와야 한다. 그렇다면 그 권한을 어디에 맡겨야 할까? 그 이야기는 다음 파트에서 계속 이어나가보도록 하자.

판사를 국민의 손으로 뽑을 수는 없을까? 국민들의 의견이 실질적인 영향력을 미쳐 법관 최종 임명을 결정짓는 날을 앞당길 수 있기를 바란다.

법원의 핵심 구성원,
어떻게 뽑고 평가하는가?

법관 임용에 국민의 의견을 수렴하다

내가 사법연수생이던 시절, 법관은 오로지 성적순으로 선발했다. 사법시험과 사법연수원 성적순으로 1등부터 800등까지 줄을 세우고, 그 안에서 선발하는 것이다. 판사 임용을 위해서는 최소한 150등 안에 들어야 안정권이고 검사는 300등 안에 들어야 안정권이라는 말이 돌았다. 판사보다 검사가 더 인기 많던 시절, 판검사가 아니라 검판사로 불리던 시절에는 검찰 임용을 위해 더 높은 성적을 유지해야 했을 것이다. 이렇게 성적순으로 모든 것이 결정되는 판검사 임용에 균열이 생긴 건 로스쿨 제도 때문이다.

2012년부터 로스쿨 제도를 통해 변호사들이 배출되면서 법조 일원화가 시행되었고, 일정한 법조 경력이 있어야 법관에 임용되었다. 성적순으로 임용되던 사법시험 시절이나 일정한 법조 경력이 있어야 임용되는 지금이나 동일한 건 법관 임용은 대법원이 전담한다는 사실이다. 4년에 한 번 치르는 선거를 통해 뽑힌 국회의원이 입법부를 구성하고, 5년에 한 번 치르는 선거를 통해 뽑힌 대통령이 행정부의 수반이 되는 것과 달리 법관 임용에 국민들의 의견은 반영되지 않는다.

판사를 우리 손으로 뽑을 수는 없을까?

당사자의 심정을 제대로 헤아리지 못하는 판사를 만날 때면, 법원에서 불량 판결문, 불량 서비스를 받을 때면 왜 우리가 그런 판사에게 재판을 받아야 하는지 회의가 든다. 판사를 국민의 손으로 뽑을수는 없을까? 실제로 미국의 주 법원은 법관 선거제가 일반적이며전체 주 법원 판사의 90% 정도가 다양한 유형의 선거(선출 선거 내지인준 선거)를 거쳐 선발된다. 하지만 우리나라에서는 관련 논의가 이루어지지 못하고 있다.

2011년 법원조직법 개정으로 최소 법조 경력을 보유해야 판사로 임용하는 법조 일원화 제도가 시행 중이다. 최소 법조 경력은 현재 5년이지만 2022년부터는 7년, 2026년부터는 10년으로 상향된다.그런데 2021년 3월 16일 사법정책연구원은 판사 임용을 위해 충족

해야 하는 최소 법조 경력 기준이 너무 높아 판사 지원자가 줄고 있다는 지적을 했다고 한다.[30]

그러나 국민들 입장에서 법조 경력이 많은 법률가가 판사에 임용되는 것이 여러모로 유리할 것이다. 법원은 최소 법조 경력 기준을 낮추려 할 것이 아니라, 왜 10년 이상 경력 법조인이 판사에 지원하지 않는지, 그만큼 법원의 신뢰가 바닥으로 추락했기 때문에 법조인들도 판사 임용을 꺼리는 건 아닌지 돌아봐야 하지 않을까?

법관 선거제 도입에 대한 논의와 함께 현행 제도하에서 국민의 의견이 판사의 선발 또는 승진 등에 반영되도록 하는 것도 중요하다. 대법원은 2015년부터 신임 경력 법관 선발 단계 중 최종 임명 직전에 예정자 명단을 공개하고 약 2주간 국민 의견을 수렴하는 절차를 마련했다. 나는 올해 처음 의견을 내보았는데, 의견을 내라며 발표한 대법원의 보도 자료에는 의견 제출 방법도 기재되어 있지 않았을뿐더러 다음과 같은 문구가 첨부되어 있었다.

구체적 사실이나 자료에 근거하지 않은 투서나 진정 형태의 의견을 제출하거나 의도적으로 이를 공개해 법관 임용에 부당한 영향을 미치려 하면 반영하지 않을 수 있다.

정말 국민의 의견을 반영하려고 하는 걸까? 그런 과정을 거쳤다고 생색내려는 게 아닐까? 국민의 의견을 반영하겠다는 취지와는 달리 자세가 지나치게 고압적이다. 아직 그 의견을 반영해 최종 임명 단계에서 탈락한 사례는 한 건도 보고되지 않았다. 제한된 정보만 제공되기에 국민들이 의견을 내기는 쉽지 않다.

그래도 한 번쯤 챙겨봤으면 좋겠다. 국민들이 의견을 많이 내면 낼수록 최종 임명 전 더 많은 정보가 제공될 것이고, 국민들의 의견이 실질적인 영향력을 미쳐 법관 최종 임명을 결정짓는 날을 앞당길 수 있기 때문이다.

연말이 되면 각 지방 변호사회에서 발표하는 법관 평가 결과가 나온다. 서울지방변호사회가 2009년 처음 도입한 변호사의 법관 평가는 2021년 12년째를 맞이했다. 하지만 지금까지 평가 결과는 법관 평가에 반영되지 않았다. 다행히도 작년 10월 대법원은 변호사에 의한 법관 평가 방식과 절차, 내용 등을 연구·검토할 사법행정자문회의 산하 분과위원회로 법관평가제도특별위원회를 신설했다. 변호사에 의한 법관 평가를 사법 개혁 차원에서 제도화하려는 움직임을 보인 것이다. 국민의 의견이 반영되는 제도가 최선이겠지만 그게 어렵다면 차선책으로 외부 재판 참여자인 변호사들에 의한 법관 평가를 제도화해야 할 것이다.

헌정사상 최초, 법관의 탄핵소추

2021년 헌정사상 최초로 국회에서 현직 법관이 탄핵소추된 일이 있었다. 법관의 독립을 침해할 수 있다는 우려의 목소리도 존재한다. 그러나 법관 탄핵 제도는 나름대로 의미가 있다. 현행 법관징계법상 징계처분은 정직, 감봉, 견책 등 세 종류만 정해놓고, 해임이나 파면은 아예 불가능하며 정직 또한 최장 기간이 1년에 불과하기 때문이다.

특정 정치 세력에 불리한 판결을 선고했다는 이유로 국회에서 법관 탄핵을 논의한다는 건 부적절할 것이다. 그러나 법관의 독립 또한 절대적 가치는 아니며 그 독립은 법관들의 자리를 보존하기 위한 것이 아니라 국민을 위한 것이다. 그렇기에 법관 탄핵이라는 제도는 국민으로부터 독립해 자기 맘대로 권한을 행사하는 법관을 그 자리에서 내려오게 하는 데 적절하게 사용할 필요가 있다.

몇 년 전 한 국내 자동차 회사가 연비를 과장해 광고한 것이 문제가 되어 소비자가 제기한 소송에서 패소했다. 유사한 소송이 미국에서 제기되었는데, 이 자동차 회사가 미국 소비자에게는 보상해주기로 합의했다는 내용이 알려져 국민들의 공분을 샀다. 이 기사에 대한 댓글 중 하나가 기억에 선하다.

"자동차도 수입하고, 판사도 수입하자~"

상식에 맞지 않는 법원 판결에 대한 기사가 보도될 때마다 '재판이 아니라 개판이다', '판사를 AI로 바꾸자'는 댓글을 자주 볼 수 있다. 속상한 마음에 남긴 댓글이겠지만, 현재 법관에 대한 국민들의 불신이 어느 정도인지 엿볼 수 있는 대목이다.

언제까지 이런 댓글만 달고 있어야 할까? 법원의 핵심 구성원인 법관의 선발과 평가, 그리고 해임 등 전 과정에 국민의 의견이 더욱 많이 반영될 수 있도록 제도 변화를 요청하는 목소리를 다 함께 높였으면 좋겠다.

법정 안에서는 재판장의 허가 없이 녹화, 촬영, 중계방송 등의 행위를 하지 못한다고 규정되어 있고, 실제 판사는 녹음 등을 허가하지 않는다. 우리는 판사의 막말을 그냥 듣고만 있어야 할까?

국민의 손으로 만드는
친절한 법정

우리가 계속 경험하는 법원의 무례함

앞에서 법원의 무례함에 대해 여러 이야기를 남겼는데, 다음 이야기는 시간이 지나도 기억에 남는다.

언젠가 교도소에 수감된 분에게 편지를 받았다. 억울한 옥살이를 하고 있다며 도와달라는 내용이었다.

"법원 기록에 아내가 제출한 탄원서가 거꾸로 편철되어 있는 걸 보면서 판사님들이 읽지 않았겠구나 싶었습니다."

판사는 열심히 읽었으나 직원의 실수로 편철만 거꾸로 된 것일 수도 있다. 그러나 형사재판을 받고 있는 피고인 가족이 탄원서를 가져와 제출해달라고 할 때면 과연 판사가 이 탄원서를 제대로 읽어볼까 하는 의문이 드는 것도 사실이다. 판사가 사건 당사자의 심정을 제대로 헤아리지 못한다는 걸 다른 사건에서도 종종 경험하기 때문이다.

외도를 한 배우자가 이혼해달라며 걸어온 소송에서 당사자의 소송대리인이 된 적이 있다. 당사자는 이미 네 번의 이혼소송에서 승소했고, 다섯 번째 소송에서 재판부는 조정에 회부했다. 당사자의 이야기를 충분히 들어줄 것이라 기대하며 당사자와 함께 참여한 조정기일에서 판사는 "어차피 이번에 이겨도 상대방이 소송을 제기할 텐데, 이혼에 합의하시면 어떨까요? 10분을 줄 테니 고민해보세요"라고 하는 게 아닌가?

당사자는 3년 넘게 이혼을 하지 않겠다고 마음먹고 이혼소송에 임해왔는데, 고작 10분 동안 고민해 마음을 바꾸라니. 10개월도 아니고, 10일도 아니고, 10시간도 아닌 단 10분. 당사자에게 그 어처구니없는 순간을 빨리 피할 수 있게 해드리는 것이 소송대리인의 도리라고 생각해 조정할 의사가 없음을 밝히고 즉시 자리를 떴다.

앞에서도 언급했지만 판사에게 어이없는 전화를 받기도 했다. 통근 버스 기사가 임금을 제대로 받지 못해 노동청에 진정을 했지만 자신이 주장하는 금액에 한참 못 미치는 금액만 인정되어 결국 민사소송을 제기한 사건이었는데, 판사는 첫 번째 변론기일을 앞두고 나에게 전화를 걸어와 이런 말을 했다.

"수사기관에서 인정된 금액을 이미 지급했다고 회사가 주장하는데, (소송을 통해) 미지급 임금이 밝혀질 수는 있겠지만 그렇다 하더라도 그 액수가 많지는 않을 것 같아요."

대기 시간을 포함해 하루에 12시간 일터에 매여 있지만 8시간의 근로시간에 해당되는 임금만 지급받은 당사자의 억울함, 노동청 진정 절차를 통해 해결하지 못해 민사소송을 거쳐서라도 지급받아야겠다는 당사자의 간절함에 조금이라도 공감했다면 재판을 시작하기도 전에 그런 전화를 할 수 있을까? 임금 체불도 사업주의 갑질도 경험해보지 않은 판사에게 이런 소송이 억지를 부리는 것으로 보이겠지만, 당사자는 절박한 심정으로 택한 최후의 수단이다.

판사의 막말에 대처하는 품위 있는 방법

전화를 걸어온 판사에 대해 공개적으로 문제를 제기할 수 있었던 건 그 전화 내용을 녹음했기 때문이다. 그런데 법정에서는 녹음을 하기 어렵다. 법원조직법 제59조에는 '누구든지 법정 안에서는 재판장의 허가 없이 녹화, 촬영, 중계방송 등의 행위를 하지 못한다'라고 규정하고 있고 실제 판사는 녹음 등을 허가하지 않는다. 그렇다면 우리는 마음을 후벼 파는 막말을 그냥 듣고만 있어야 할까?

그렇지 않다. 우리가 모를 뿐 방법이 있다. 이런 상황에 대처할

방법이 소송법에 아주 잘 규정되어 있다. 그러나 아쉽게도 법원은 이 방법을 국민들에게 제대로 알려주지 않는다. 법원이 절대 알려주지 않는 방법을 제시한다.

재판정에서 하는 말을 녹음하거나 속기해달라고 미리 신청하는 방법이다. 민사소송법 제159조, 형사소송법 제56조의 2는 재판 당사자가 녹음 또는 속기를 신청하면 특별한 사유가 없는 한 이를 명해야 한다고 규정하고 있다. 가사소송법과 행정소송법은 민사소송법을 준용하니 민사·형사·가사·행정재판 모두 신청을 하면 녹음 또는 속기를 할 수 있다.

그런데 실제 녹음 또는 속기 신청을 할 경우 재판장이 뜬금없는 질문을 던질 때가 있다. 다음 대화는 한 재판의 속기록에 기재된 재판장의 말이다.

재판장 : 최근에 녹음 속기 신청했지요?
원고 대리인(변호사 최정규) : 예.
재판장 : 그동안 안 하다가 이제 하시는 이유는 뭐죠?

이때 우리는 '판사의 막말에 대처하기 위해서'라고 하기보다 "판사님이 오늘 중요한 이야기를 하실 텐데 제가 잘 이해하고 기억하지 못할까 걱정되어 나중에 다시 듣고 읽기 위해서요"라고 대답하는 품위를 유지했으면 좋겠다. 뜬금없는 질문을 던지는 판사가 아닌 바로 우리가 법정의 주인이기 때문이다.

국민이 주인인 법정에서 국민 대신 주인 행세하는 판사들의 막말을 사전에 예방하고 사후에 문제 삼기 위해서, 우리는 꼭 녹음·속기 신청을 해야 한다. 판사를 우리 손으로 뽑지는 못하지만 녹음·속기 신청이라는 투명성을 높이는 무기로, 판사가 주인 행세하는 법정을 원래 주인인 국민에게 되돌려놓아야 한다. 우리 손으로 친절한 법정을 만들어야 한다.

법원은 녹음·속기 신청서 양식을 제공하지 않지만 어렵지 않다. 내가 실제 사용하는 양식을 제공하니 널리 활용하길 바란다.

녹음·속기 신청서 양식

민사·가사·행정사건

원고(또는 피고)는 민사소송법 제159조(변론의 속기와 녹음)에 의거하여 변론의 전부에 대한 녹음 또는 속기를 명할 것을 신청하는 바입니다.

형사사건

피고인은 형사소송법 제56조의 2(공판정에서의 속기·녹음 및 영상 녹화)에 의거하여 공판정에서의 심리 전부를 속기 또는 녹음(영상 녹화)을 명할 것을 신청하는 바입니다.

우리가 판결문을 감시하는 이유는 사리사욕을 채우기 위한 것이 아니다. 판결문이 공익적 가치를 다하게 하도록, 쉽게 말해 좋은 판결문이 좋은 세상을 만들게 하자는 것이다.

국민 감시 체계를 구축해
불량 판결을 줄이다

명품 판결문은 우리가 만든다!

3심제를 채택하고, 공무원의 잘못에 대해 손해배상을 청구하는 국가 배상 제도가 있지만, 불량 판결문을 바로잡고 이에 대한 손해를 배상 받는 것이 쉽지 않다는 사실은 앞에서 살펴봤다. 그렇다면 불량 판결문을 그냥 구경하기만 해야 할까?

그럴 수는 없다고 생각한 사람들이 모여 진행하는 판결문 모니터링 작업을 소개해본다.

언론사에서는 매년 올해의 판결 등을 선정해 발표하고 있다. 그러나 이런 발표는 뉴스에 나올 법한 사건이 알려지는 것일 뿐, 전국 법원에서 생산되는 판결문을 감시하기에는 부족하다. 그래서 특정 분야에 국한되더라도 매년 생산되는 판결문을 모니터링하는 체계를 구축하는 시민 단체가 있다. 2015년부터 (사)장애우권익문제연구소가 진행하는 장애인권 디딤돌·걸림돌 판결 선정 사업, 2018년부터 이주인권사례연구모임이 진행하는 이주인권 디딤돌·걸림돌 판결 선정 사업이 그런 모니터링 체계다.

그런데 판결문을 모니터링하려면 판결문 공개가 철저하게 이루어져야 한다. 판결문은 법원의 전유물이 아니라 국민들이 쉽게 접하고 활용해야 하는 공공재라는 주장은 아주 오래전부터 제기되어왔지만 이는 번번이 묵살되었다. 그나마 2013년부터 대법원은 '국민의 알 권리 충족 및 바람직한 법률 문화 정착'이라는 모토로 판결문 등을 공개했다. 하지만 현재 대법원에서 운영하는 판결문 공개 제도는 아직도 국민들이 편하게 이용하는 서비스로 정착하지 못했다.[31]

판결서 공개 일정

2013.1.1 대법원	2014.1.1 형사판결서 증거/기록 목록 공개	2015.1.1 민사판결서 공개	2019.1.1 판결서 인터넷 통합 열람·검색 서비스 오픈
2013.1.1부터 형사사건 확정판결서의 전자적·비전자적 공개 형사 합의 사건 증거 목록·기록 목록의 비전자적 공개	2014.1.1부터 형사 합의 사건 증거 목록·기록 목록의 전자적·비전자적 공개 형사 단독 사건 및 증거 목록·기록 목록의 전자적·비전자적 공개	2015.1.1부터 민사사건 확정판결서의 전자적·비전자적 공개	2019.1.1부터 판결서 인터넷 통합 열람·검색 서비스 및 형사판결서에 대하여도 임의어 검색 가능

일단 확정된 사건의 판결문만 확인 가능하다. 현재 진행 중인 사건의 판결문은 열람도 검색도 불가능하기에 확정되지 않은 사건의 판결문을 당사자의 협조 없이 국민들이 확보하는 건 불가능하다. 그리고 대법원이 운영하는 통합 열람 검색 서비스를 통해 무료로 확인할 수 있는 건 판결문 중 600자 정도이고, 판결문 전체를 열람하려면 1개의 판결문당 1,000원을 지급해야 한다. 건당 1,000원이 아주 큰 금액은 아니지만 관련 판결문을 검색해 판결문을 확인하는 모니터링 작업을 할 때 이러한 비용은 걸림돌이 된다.

대법원의 현행 판결문 공개 제도에 대해 법관 모임인 전국법관대표회의도 2021년 1월 더 확대되어야 한다는 입장을 밝혔다. '대법원은 국민의 알 권리와 재판의 투명성 증진, 이를 통한 재판에 대한 국민의 신뢰를 향상시키고 활발한 토론을 통한 법률 문화의 발전을 위해 판결서의 공개 범위를 더욱 확대해야 한다'는 의결이 이루어진 것이다.[32]

아직 원론적인 수준의 의결이고 공개 범위 확대에 대한 구체적 안이 나오지는 않았지만, 국민들이 더 쉽게 판결문을 접하고, 시민단체가 각자 관심 있는 영역에서라도 판결 모니터링 작업이 가능하도록 공개 범위 수준을 더 확대할 필요가 있다.

판결 모니터링 사업을 진행한 이유

나는 경기장애우권익문제연구소 소장을 겸직하고 있는데, 연구소가 2015년부터 진행하는 장애인권 디딤돌·걸림돌 판결 선정 사업에 선정위원으로 매년 참여한다. 또 2018년 이주인권사례연구모임 기획팀의 일원으로 판결 모니터링 사업을 이주인권 분야에도 정착시켰다. 앞에서 언급한 것처럼 판결문 공개 제도가 매우 불편하기에 판결 모니터링 사업 진행에 상당한 노력과 비용이 소요된다. 그렇지만 포기하지 않고 계속 이어나가는 것은 불량 판결문을 막고 명품 판결문을 생산하게 하는 건 국민들의 감시 체계라고 생각했기 때문이다.

〈나는 네가 지난여름에 한 일을 알고 있다〉라는 영화처럼, 판결문 모니터링 사업을 통해 이렇게 외칠 수 있다.

"나는 네가 지난여름에 생산한 판결문을 알고 있다!"

이렇게 감시 체계를 작동하는 것이 혹여 재판의 공정성을 훼손하지 않을까 우려하는 목소리가 있을 수 있다. 그러나 이런 우려의 목소리는 법적 안정성을 위해 상식에 맞지 않는 법과 판결을 그대로 받아들이자는 주장과 크게 다르지 않다고 생각한다. 판결문을 감시하는 이유는 사리사욕을 채우기 위한 것이 아니다. 판결문이 공익적 가치를 다하게 하도록, 쉽게 말해 좋은 판결문이 좋은 세상을 만들게 하자는 것이다.

매년 전국 법원에서 생산되는 관련 분야 판결문을 확인하고, 판결문의 불량성과 명품성을 꼼꼼히 따져 선정하는 이 방대한 작업은 여러 활동가와 변호사가 힘을 합친 집단 지성의 힘으로 진행된다. 수십, 수백 개의 판결문을 읽고 또 읽는 과정은 지난하고 힘들지만 어제의 걸림돌 판결이 내일의 디딤돌 판결문으로 탄생하는 순간 큰 보람을 느낀다.

걸림돌 판결이 디딤돌 판결로

2016년 장애인권 디딤돌·걸림돌 판결선정위원회는 '지적장애 아동 성매수자를 상대로 성매수의 위법성을 내세워 민사상 손해배상을 구하는 것을 허용할 수 없다'고 한 사례(서울서부지방법원 2015가단 228013 판결)를 걸림돌 판결로 선정했다. [33]

이른바 '하은이 사건'으로 세상에 알려진 이 사건은 만 13세의 지적장애 아동이 스마트폰 채팅을 통해 알게 된 가해자에게 성폭행을 당한 사건이다. 수사기관은 이 사건에 피해 아동의 자발적 의사가 있었다며 성폭행이 아닌 성매매로 기소해 가해자가 성매매로 처벌받았다. 그런데 피해 아동과 부모는 가해자의 죄목이 성매매라 하더라도 성매매를 강요한 가해자가 손해배상책임을 져야 한다며 치료비 및 위자료 지급을 청구했다.

1심 재판부는 성폭행이 아닌 성매매로 처벌받았기에 피해 아동에 대한 가해자의 손해배상책임은 인정하지 않은 판결을 선고한 것이다. 성적 가치관이 형성되지 않은 지적장애 아동을 보호해야 할 법원이 가해자의 손해배상책임을 부정한 것을 질타하는 목소리가 높았고, 이 판결은 2016년 걸림돌 판결로 선정되었다.

그런데 2017년 이 사건 항소심 판결문(서울서부지방법원 2016나 33473)은 2017년 장애인권 디딤돌 판결로 선정되었다. 1심 재판부와 달리 항소심 재판부는 아동청소년 성보호에 관한 법률상 성매매 대상이 된 아동청소년도 구제할 필요가 있다면서 가해자의 손해배상책임을 인정한 것이다.[34]

이렇게 1심 판결문이 걸림돌 판결, 2심 판결문이 디딤돌 판결로 선정되는 극적인 일이 자주 일어나면 얼마나 좋을까? 그렇지는 않더라도 관련 사안에 대한 판결문이 더 개선되어가는 것을 확인할 수도 있다.

지적장애인 노동력 착취 사건 관련 가해자를 상대로 손해배상을 요구하는 판결문에서도 이런 변화를 읽을 수 있다. 앞에서도 언급했듯 2014년 신안군 염전 노예 사건 피해자가 가해자에게 반환해야 할 노동의 대가에 대해 광주지방법원 목포지원은 최저임금을 기준으로 산정했다(광주지방법원 목포지원 2015가합11231). 시민 단체는 농촌에서 일하는 비장애인들의 평균임금을 적용해야지 왜 최저임금을 적용했느냐고 반발했으나 당시 목포지원에서 선고한 사건 중에는 최저임금 이상으로 인정한 판결이 없었다. 그래서 이 사건은 2016년 장애인권 디딤돌·걸림돌 판결선정위원회에서 '주목할 판결'로 이름을 올렸다.

그런데 2017년, 당시 광주지방법원에서 농촌 평균임금을 기준으로 계산한 금원을 반환해야 한다는 판결이 선고되었다(광주지방법원 2015가합 58305 판결). 이전 목포지원의 판결보다 진일보한 것이다. 그런데 아쉽게도 이 판결에서 지적장애인의 노동 능력을 비장애인의 60% 정도만 인정할 수 있다고 선고했다. 그래서 이 판결문도 2017 장애인권 디딤돌·걸림돌 판결선정위원회에서 '주목할 판결'로 이름을 올렸다.

그리고 2021년 대전고등법원에서 내린 판결(2019나12105)에서 드디어 비장애인의 평균임금 100%를 피해 장애인들의 노동력을 착취한 가해자들의 반환 금액 기준으로 삼아야 한다고 선고했다.

따라서 피고는 원고들의 노무 제공으로 도시 일용 노동자 보통 인부 2명에 해당하는 노임의 지급을 면하는 이익을 얻은 것이므로, 피고가 원고들에게 반환하여야 할 부당 이득액을 산정함에 있어 기준이 되는 노임 단가, 즉 원고들이 피고에게 제공한 노무의 적정한 노임 단가는 그 기간 동안의 도시 일용 노동에 종사하는 보통 인부 1일 시중 노임 단가로 보아야 할 것이다.

전국에서 생산되는 판결문을 지켜보는 일이 불량 판결문의 탄생을 저지하고, 명품 판결문의 탄생을 가능하게 하는 유일한 일은 아닐 것이다. 그러나 법원이 알아서 불량 판결문이 아닌 명품 판결문을 생산해낼 것이라고 기대하고 기다리기만 할 수는 없지 않을까? 그저 구경만 할 수 없다고 생각하는 사람들이 모여 판결 모니터링을 하는 움직임이 장애인권, 이주인권뿐만 아니라 다양한 영역에서 일어나면 좋겠다.

법원이 자성해 명품 판결문이 탄생하기를 막연히 기다리는 것보다 우리가 그 탄생을 앞당길 수 있다는 믿음으로 오늘도 예의 주시한다.

"나는 네가 지난여름에 생산한 판결문을 알고 있다."

이야기를 시작하며 사법연수생 시절 도서관 옆에 설치된 분향소 장면을 회상했는데, 이야기를 마치며 또 하나의 장면을 기억 속에서 꺼내본다.

'법조 윤리' 시간, 대강당에서 진행한 법조 원로 특강을 듣기 위해 사법연수생 800명이 빼곡히 앉아 있다. 모두 이글이글한 눈빛으로 법조 원로를 뚫어지게 쳐다보며 그분이 전해주는 한마디, 한마디를 놓치지 않으려 집중한다. 하지만 사실 이 모습은 영화 속에서나 볼 법한 장면이다. 현실에서는…. 절반은 졸고, 절반은 딴짓한다.

존다고 표현하기에는 너무나 긴 시간이고, 딴짓이라고 표현하기에는 그 행동이 너무 비윤리적이다. 시험 과목 교재를 꺼내놓고 줄을 그으며 공부하고, 공부에 집중하기 위해 이어폰으로 귀를 막고 있는 사법연수생들 앞에서 법조 윤리를 이야기해야 했던 법조 원로는 어떤 마음이었을까? 당시 연수생들의 비윤리적인 태도에 대해

쓴소리 한마디 하는 원로 법조인이 없었다는 것이 더 마음에 걸린다. 그들이 그럴 마음이 없어서가 아니라 시력이 좋지 않아서였기를 바랄 뿐이다.

사법연수생 시절, 나도 도시락 폭탄이 아닌 김치김밥 펼치기 등 소극적 저항만 하며 위축되어 지냈기에 별로 자랑할 것이 없지만, 그래도 스스로 잘해냈다고 칭찬하고 싶은 건 이런 비윤리적 대열에 끼지 않겠다는 다짐을 완수했기 때문이다. 물론 졸음을 이기지 못해 고개를 떨군 적은 가끔 있었지만.

법정에서 인간에 대한 기본적 예의가 없는 판사를 만날 때면 몰래 교재를 꺼내 밑줄을 그어가며 공부하던 사법연수생들의 얼굴이 오버랩된다. 법조 윤리는 집어 던진 채 수단, 방법 가리지 않고 그저 좋은 성적만 챙기려 했던 그들이 현재 대한민국 법조인으로 국민들의 삶을 망치는 불량 판결문을 내놓고 있다. 또 그들이 앞장서 운영하는 법원이 현재 국민들에게 제공하는 서비스가 그 어떤 관공서에서도 경험해보지 못한 불친절한 서비스임은 너무나 당연한 이치일 것이다.

사법 개혁은 검찰 개혁보다 더 절실하고 시급한 과제일 텐데, 그 어떤 정부도 제대로 해내지 못하고 있다. 아니, 엄밀하게 이야기하면 시늉도 못 내고 있다. 2017년 세상에 알려진 사법 농단 사건에서 확인한 것처럼 사법부는 행정부 수반인 대통령과 독대해 거래를 할 수 있을 만큼 막강한 힘을 지닌 주체이고, 사법부 독립은 성역으로

간주된다.

그러나 사법부에 주어진 막강한 힘도, 그 어떤 경우든 침범되어서는 안 될 사법부 독립도 판사 개인을 위한 것이 아니다. 판사들이 지금처럼 국민을 위해 그 힘을 쓰지 못하고 악용한다면 우리는 그들에게 맡긴 사법 권력을 거두어들여야 한다. 국민들이 든 촛불의 힘으로 박근혜 전 대통령을 탄핵한 것처럼 대한민국 판사를 탄핵해 그 자리에서 내려오게 해야 한다.

우리가 이 부당한 현실을 당장 박차고 나가지 못하는 건 우리만의 잘못이 아니다. 지금까지 무력감을 학습받아왔기 때문이다.

"계란으로 바위 치기다. 바람 부는 대로 물결치는 대로 눈치껏 살아라. 튀지마라. 뒤로 빠져라."

살면서 줄곧 들어왔던 말이다. 그러나 서글프게도 이 비겁한 교훈이 사실이라는 것을 확인할 때가 너무 많다.

나 대신 도시락 폭탄을 던져줄 사람이 나타나길 무작정 기대하기보다 김치김밥 펼치기 같은 소소한 저항이라도 시작해보자는 꿈틀거림이 일어나길 기대해본다. 법조인으로서 나의 서툰 꿈틀거림의 기록인 이 책이 저항을 시작하는 데 조금이나마 기여할 수 있기를 바라며 내가 좋아하는 G. K 체스터턴(G. K. Chesterton)의 문구를 마지막으로 글을 마친다.

"어떤 일이 할 만한 가치가 있다면, 그 일은 서투르게 할 만한 가치도 있다(If a thing is worth doing, it is worth doing badly)."

1장. 악법은 어디에서 시작되었을까?

01 〈소크라테스는 '악법도 법이다'라고 말하지 않았다〉, 김세곤 호남역사연구원장, 시민의소리, 2018. 7. 23

02 〈"계란으로 바위 치기? 법이 일반 상식을 따라오지 못하면, 그 법을 고쳐야죠"〉, 로톡뉴스, 2020. 9. 16

2장. 국민이 법원을 신뢰할 수 없는 이유

03 〈인권위 "정신장애인도 인터넷뱅킹 사용할 수 있어야"〉, 연합뉴스, 2019. 5. 13 〈법원 "정신지체장애인도 비대면 금융거래 가능해야"(종합)〉, NEWSIS, 2019. 8.28

04 〈[탐정M] "혼자 걸을 수 없는데 저는 왜 장애인 콜택시를 탈 수 없나요?"〉, 〈MBC뉴스〉, 2019. 8. 20

05 〈세상에 나온 두 번째 존댓말 판결문, 변호사는 이렇게 봤다- [인터뷰] 유승희 변호사 "국민에 대한 존경의 시선 담겨 반가웠다"〉, 오마이뉴스, 2020. 11. 18

06 〈법원 민원실은 오늘도… 식사 중〉, 기호일보, 2018. 2. 7 〈법원 등기소, 점심시간에는 '불 꺼진다'〉, 한남일보, 2019. 10. 31

07 〈법원 민원실의 점심시간은…?〉 원곡법률사무소 블로그, 2015. 5. 20

08 〈검찰 "국선변호인 운영 체계 바꿔야"〉, 법률신문, 2009. 6. 2

09 〈법률구조사업 통합, 형사공공변호인 제도 추진〉, 법률신문, 2021. 3. 8

3장. 상식에 맞지 않는 불량 판결문

10 〈공포의 심야 편의점… 범죄에 노출된 직원들〉, 〈MBC뉴스〉 2020. 7. 13

11 〈이재갑 "산재 사망 양형 기준 낮아… 법원에 의견 낼 것"〉, 경향신문, 2019. 12. 8

12 〈멋진 판결문(2014. 7. 24 선고 울산지방법원 판사 박주영 작성)〉, 원곡법률사무소 블로그, 2014. 11. 26

13 중앙장애인권익옹호기관 등 주최, 〈장애인학대현황 보고 및 노동력착취 정책 대안 마련 국회토론회(2018. 09. 11)〉 자료집 p.33

14 은유 지음, 지금여기에 기획, 《폭력과 존엄 사이》, 오월의봄, 2016, p.9~10

15 〈스토리텔링 뉴스 '팩트라마'- '살인범' 15년 소년의 절규는 끝나지 않았다〉, 〈SBS뉴스〉 (https://news.sbs.co.kr/news/factrama.do?fid=1#0)

16 〈"장애인 처지 이해 못한 기계적 판결 답답"〉, 한국일보, 2017. 9. 28

17 공지영 지음, 《도가니》, 창비, 2009, p.283

18 〈국가배상 제기 이유…〉, 원곡법률사무소 블로그, 2017. 10. 16

19 〈지적장애 염전 노예 '자필 조작' 처벌불원서, 법원 진위 검증 안 했지만… "위법은 아니다"〉, 경향신문, 2018. 4. 18

20 〈"잘못된 판결 국가배상" 헌소에… 헌재 '심리 결정'〉, 문화일보, 2020. 2. 10

21 금융위원회 배포 〈장애인 금융 개선 과제 추진 실적 및 향후 계획〉, p.12, 2018. 4. 23

22 〈700만 원 벌금과 함께 사라진 처벌… 공익 신고가 남긴 상처〉, 오마이뉴스, 2020. 10. 26

4장. 쉽게 편들 수 없는 논쟁의 판결, 그리고 법

23 〈[단독] 또래 집단 폭행한 중학생들… 반성 없이 제 걱정만〉, 〈MBC뉴스〉, 2020. 5. 6(2020. 5. 21 수정)

24 〈렌트카 훔쳐 사망 사고를 낸 10대 엄중 처벌해주세요〉, 청와대국민청원 게시판, 2020. 4. 2 (https://www1.president.go.kr/petitions/587624)

25 〈회복형·복지형·팀 관리형… 외국선 소년범 사후 관리도 책임진다〉, 서울신문, 2020. 11. 28.

26 〈소년재판부 판사 '페티쉬' 칼럼 논란… 여변, 비판 성명〉, THE FACT, 2020. 12. 15

27 〈[2100070] 민법 일부 개정 법률안(서영교 의원 등 50인)〉, 의안정보시스템 (http://likms.assembly.go.kr/bill/billDetail.do?billId=PRC_O2Z0V0E6Y0H2O1K7Q2R6D2Q4Z4L2E1)

28 〈[2022592] 화성 연쇄살인 사건 공소시효 적용 배제에 관한 특별 법안(안규백 의원 등 13인)〉, 의안정보시스템 (http://likms.assembly.go.kr/bill/billDetail.do?billId=PRC_I1T9U0Q9W2F0Z1K8L0Q0U5N5X8D7I5)

29 〈"법관, 고압적·신경질적 재판 진행 개선해야"〉, 법률신문, 2020. 11. 30

30 〈사법정책연구원 "판사 임용 기준 '10년 법조 경력' 과도"〉, 연합뉴스, 2021. 3. 16

31 〈판결서 인터넷 열람 제도란?〉, 대한민국 법원 (https://www.scourt.go.kr/portal/information/finalruling/guide/index.html)

32 〈전국법관대표회의 "기획 법관 제도 개선하고 판결문 공개 확대해야"〉, 매일경제, 2021. 1. 18

33 (사)장애우권익문제연구소 〈2016 장애인 인권 디딤돌걸림돌 판결 발표회 (2016. 10. 31)〉 자료집 참고

34 (사)장애우권익문제연구소-장애인권법센터 〈2017 장애인 인권 디딤돌걸림돌 판결 발표회(2017. 11. 15)〉 자료집 참고